A LUTA VERBAL
A PREPARAÇÃO DO ESCRITOR

RAIMUNDO CARRERO

A LUTA VERBAL
A PREPARAÇÃO DO ESCRITOR

ILUMINURAS

Copyright © 2022
Raimundo Carrero

Copyright © desta edição
Editora Iluminuras Ltda.

Capa
Hallina Beltrão

Projeto gráfico
Eder Cardoso/ Iluminuras

Preparação Luta verbal
Jane Pessoa

Revisão A preparação do escritor
Letícia Castello Branco

Revisão
Monika Vibesquaia

CIP-BRASIL. CATALOGAÇÃO NA PUBLICAÇÃO
SINDICATO NACIONAL DOS EDITORES DE LIVROS, RJ
C311L

    Carrero, Raimundo, 1947-
      A luta verbal : a preparação do escritor / Raimundo Carrero. - 1. ed. - São Paulo : Iluminuras, 2022.
    264 p. ; 21 cm.

    ISBN 9786555191622

    1. Escritores. 2. Criação (Literária, artística, etc.). 3. Autoria - Manuais, guias, etc.. I. Título.

22-78531   CDD: 808.02071
CDU: 808.1(07)

Meri Gleice Rodrigues de Souza - Bibliotecária - CRB-7/6439

2022
Editora Iluminuras ltda.
Rua Inácio Pereira da Rocha, 389 - 05432-011 - São Paulo - SP - Brasil
Tel./Fax: 55 11 3031-6161
iluminuras@iluminuras.com.br
www.iluminuras.com.br

Sumário

A LUTA VERBAL

APRESENTAÇÃO
***A LUTA VERBAL: COM A FACA NOS DENTES,* 13**
    Raimundo Carrero

UM GRITO DE DOR, 15

**JORGE AMADO E GRACILIANO RAMOS
ENTRINCHEIRADOS NA LUTA VERBAL, 21**

    Contradição amadiana, 21
    Rato e homem se entendem, 22
    Duelo silencioso e digno, 25
    O arquiteto de lápis na mão, 25
    Beba conhaque, escritor, você acanalhou o troço, 27
    Escrita rasa?, 29
    O foco do olhar em *Vidas secas*, 35

**REFLEXÕES ACERCA DE ARIANO SUASSUNA
E O MOVIMENTO ARMORIAL, 39**

    García Lorca e Juan Rulfo, 39
    O riso é faca nos dentes, 41
    O Cristo Negro e a palavra revelada, 42

A LUTA VERBAL CONTINUA, 45

    Sidney Rocha e a felicidade indiferente, 47
    Ronaldo Correia de Brito e os currais dos pobres, 48
    Ney Anderson e o corpo, 48
    Alberto: Voz do povo brasileiro, 50

A PREPARAÇÃO DO ESCRITOR

APRESENTAÇÃO
***LONGA JORNADA EM BUSCA DO APRENDIZADO,* 53**
  Raimundo Carrero

PRIMEIRA AULA
O NARRADOR, 57
  1. O narrador pede a palavra, 58
  2. Intimidade autor e narrador, 60
  3. Dois narradores num só personagem, 62
  4. Personagem que cria personagem, 65
  5. Narrativa em falso ângulo aberto, 68
  6. A interferência do narrador múltiplo, 69
  Exercício, 72

SEGUNDA AULA
SOFISTICAR PARA SIMPLIFICAR, 73
  1. Conteúdos: *material e literário,* 75
  2. Cuidado com o documento, 80
  Exercício, 83

TERCEIRA AULA
A INVENÇÃO DO PERSONAGEM, 85
  1. Um perfil seco e exato, 87
  2. Uma dor só lâmina, 89
  3. Comentários e aprofundamentos, 90
  5. Andança das palavras, 93
  Exercício, 95

QUARTA AULA
ESTUDO DA MONTAGEM DO TEXTO, 97
  1. Pedindo ajuda a Joyce, 98
  2. Símile e metáfora, 101
  3. As frases que se ajustam, 103

QUINTA AULA
DURAÇÃO PSICOLÓGICA DO LEITOR, 109
    1. Vai começar a festa, 110
    2. Literatura é insatisfação, 112
    3. Vamos ao começo do texto, 114
    4. Impossível a contorção, 116
    5. Os movimentos narrativos, 117
    Exercício, 121

SEXTA AULA
TÉCNICA PARA EVITAR TRAVO NARRATIVO, 123
    1. Dominando o ofício e a técnica, 125
    2. Vamos decidir o conteúdo material, 129
    3. Começa o conteúdo literário, 132
    4. Esquema dos olhares, 134
    5. A definição da personagem, 136
    Exercício, 137

SÉTIMA AULA
COMO SÃO FEITOS OS DIÁLOGOS, 139
    1. Os personagens falam, 144
    2. Discurso indireto livre, 147
    3. Os olhos escondem e movimentam a cena, 150
    4. Criação por proximidade, 154
    Exercício, 156

OITAVA AULA
CENAS MOVIMENTAM. CENÁRIOS ESCONDEM, 157
    1. Poema vira cena, cena vira poema, 158
    2. Elementos do poema e da cena, 160
    3. Desconstruindo a cena, 162
    4. Rapidez de cenas e cenários, 164
    5. Os símiles movimentam, 168
    Exercício, 173

NONA AULA
CENÁRIOS: AJUDA, ILUMINAÇÃO E MOVIMENTOS, 175
    1. O inútil é útil — a arte do cenógrafo, 176
    2. O conhecimento secreto, 179
    3. Catalogando os cenários, 185
    Exercício, 193

DÉCIMA AULA
FOCO NARRATIVO E PONTO DE VISTA, 195
    1. Um modelo narrativo, 197
    2. Visão do texto, 203
    3. Masculino, feminino, 205
    4. Narrador oculto — a quarta variante, 207
    5. Movimentos essenciais, 210
    6. E o poema?, 211
    Exercício, 213

DÉCIMA PRIMEIRA AULA
PERSONAGEM DE CRIAÇÃO DIRETA E INDIRETA, 215
    1. As técnicas se revelam, 215
    2. Leveza e narrador cronista, 219
    3. Criação direta e criação indireta de personagens, 224
    4. Personagem em oposição, 229
    5. Cortes e sequências — personagem ilustrativo, 232
    Exercício, 237

DÉCIMA SEGUNDA AULA
BIBLIOGRAFIA COMENTADA COM NOVOS EXERCÍCIOS, 239

A LUTA VERBAL

Este livro é de Marilena, das minhas irmãs,
pelo amor da vida inteira.
E dos meus filhos, Rodrigo e Diego, eternamente amados.

Agradeço a Hallina Beltrão que tem sido minha parceira constante, capista revolucionária sobretudo na tetralogia Condenados à vida *publicado pela Cepe Editora, 2012, e pela Iluminuras nos livros* Colégio de freiras *e* Estão matando os meninos. *Trabalha para revistas europeias, entre eles o Suplemento Diplomatique, do francês Le Monde, e assina capas de jornais brasileiros. Durante muito tempo foi capista do suplemento literário PERNAMBUCO, do Governo daquele Estado.*

Apresentação
A luta verbal: **Com a faca nos dentes**
Raimundo Carrero

Para Samuel Leon e José Castello

A luta verbal — que aqui substitui, com vantagens, a literatura — é um grito de dor contra a fome, a miséria, o racismo, a discriminação e o preconceito de toda ordem, unindo num só tempo a técnica e a expressão literária popular, com base em Graciliano Ramos, Jorge Amado, Marcelino Freire, Sidney Rocha, Alberto da Cunha Melo, Ronaldo Correia de Brito, Ney Anderson, Nivaldo Tenório, Cícero Belmar, sem perder de vista os rebeldes Paulo Scott, Jeferson Tenório, Itamar Vieira Junior, Julián Fuks, que revelam grande empatia com essa luta permanente... autores magníficos, premiados e realizados.

Homenageio Lima Barreto, escritor negro revolucionário que testemunhou a escravidão e cuja obra é um retrato desse horror que ofende o Brasil e a humanidade. *A luta verbal* substitui a beleza convencional pela crítica social, incluindo aí a ironia. E o riso. Ariano Suassuna, por exemplo, através da *commedia dell'arte*, do circo e do picaresco, estabeleceu o riso como técnica para combater a burguesia, o tradicionalismo e os horrores do conservadorismo. O riso corrói e derrota, sem dúvida quebra a resistência do conservadorismo e mostra a grandeza dos personagens populares, mesmo sem engajamento.

Este livro não poderia ter sido escrito sem a leitura imprescindível de *Jorge Amado: Uma biografia*, de Josélia Aguiar (São Paulo: Todavia, 2018), *O velho Graça*, de Dênis de Moraes (Rio de Janeiro: José Olympio, 1992), *Ficção e confissão*, de Antonio Cândido (São

Paulo: Editora 34, 1992), *Garranchos: Textos inéditos de Graciliano Ramos*, organização de Thiago Mio Salla (Rio de Janiero: Record, 2012), e *História concisa da literatura brasileira*, de Alfredo Bosi São Paulo: Cultrix, 1982).

Além dessas obras, recomendo a leitura dos livros de Jorge Amado, Graciliano Ramos, Lima Barreto, Ariano Suassuna, e também a biografia *João Cabral de Melo Neto: O homem sem alma*, de José Castello (Rio de Janeiro: Bertrand Brasil, 2006), e *Seleta: Por pior que pareça*, de Marcelino Freire (Rio de Janeiro: José Olympio, 2021).

Um grito de dor

O Brasil tem tradição de luta verbal com Castro Alves, Joaquim Nabuco e Lima Barreto na batalha contra a escravidão; com João Cabral de Melo Neto, Graciliano Ramos e Jorge Amado na literatura nordestina, sobretudo no Romance de 30; e com os poetas Ferreira Gullar e Alberto da Cunha Melo na escrita de combate à ditadura. Todos escreviam com a faca nos dentes.

Sem esquecer o nome altíssimo de Josué de Castro, vanguarda de luta contra a miséria no Nordeste; de Ariano Suassuna, preocupado com a cultura popular, onde sempre viu a verdadeira manifestação daqueles que sofrem e choram, muitas vezes famintos e maltratados pela indiferença dos poderosos e até mesmo daqueles que, em muitos casos, formam a elite literária do país; de Maximiano Campos, com seu vigoroso *Sem lei nem rei*, em que os pobres e os humildes derrotam os poderosos; e Hermilo Borba Filho, o celebrado criador da tetralogia *Um cavaleiro da segunda decadência*, impiedoso na crítica à burguesia e ao conservadorismo, celebrando o sexo, sempre o sexo, como elemento contra a hipocrisia e o cinismo da tradicional e falsamente sociedade brasileira, e as danças populares da região para desmontar a tradição.

A luta verbal é um grito de dor. Agora — neste incrível momento histórico mundial e brasileiro, liderado pelo maldito negacionismo, que ofende e tenta humilhar a humanidade — é preciso dar continuidade a esta luta verbal contra a fome, a miséria, o racismo e toda forma de preconceitos e discriminação, contra agressões sociais — uso esta expressão para substituir injustiças, porque são tantas e tantas, que é preciso algo mais forte — para defender o pobre e o miserável atingido, frontalmente, por todas as desgraças que não são, em absoluto, naturais, mas produzidas pelo homem. Sobretudo a fome, fruto da ganância e da intolerância.

É verdade que fomos atacados pelo beletrismo em certas circunstâncias históricas, como aconteceu com Coelho Neto, considerado por Lima Barreto como a "coisa mais nefasta da literatura brasileira", embora exaltado como "o nosso maior escritor", por Octávio de Farias — de quem tentei estudar a tragédia burguesa. Machado de Assis gastou muita tinta com esse tal beletrismo, mas apesar do beletrismo, o chamado "Bruxo" esqueceu a luta verbal, envolvido com a psicologia e as ações dos seus personagens burgueses, sem, no entanto, lutar com Lima Barreto contra o racismo, luta sempre urgente e necessária. Afrânio Peixoto também, é claro, para quem a literatura é "o sorriso da sociedade".

Talvez por isso o romance do Nordeste foi tão combatido, apesar da revolução técnica de Graciliano Ramos, com sua rigorosa "poética da Linguagem" e a feitura elaborada com requintes de *Vidas secas*. Ocorre que Graciliano sabia arbitrar muito bem a técnica e a luta verbal. E não tirava a faca dos dentes. Nunca. Os "modernistas" radicais se colocaram em posição de críticos do "regionalismo" e do Armorial, situando-se no plano de donos absolutos da literatura brasileira. Alguns chegaram a tratar Graciliano como autor de segunda ordem. Foram duros, sobretudo, com *Angústia*. Em certo momento até tentaram desconhecer a obra genial de Guimarães Rosa... Um absurdo...

Aliás, a luta verbal admite a técnica literária como elemento destruidor do beletrismo. Isso mesmo, a técnica destrói a tradição, está a serviço da luta verbal, naquilo que ela tem de mais contundente. Observem-se os casos de João Cabral de Melo Neto, com *Uma faca só lâmina*, e do próprio Graciliano. Os dois fortemente acompanhados por Ferreira Gullar, sobretudo o Ferreira Gullar do *Poema sujo*. Esses dois livros formam, por assim dizer, o elemento central da nossa luta verbal. Senão, vejamos João Cabral:

ou ainda uma faca
que só tivesse lâmina,
de todas as imagens
a mais voraz e gráfica,

ninguém do próprio corpo
poderá retirá-la,
não importa se é bala
nem se é relógio ou faca,

nem importa qual seja
a raça dessa lâmina:
faca mansa de mesa
feroz pernambucana.

E a voz severa de Ferreira Gullar:

Mas para bem definir essa noite
da Baixinha
       não se deve separá-la
da gente que vive ali
       — porque a noite não é
apenas
a conspiração das coisas —
nem separá-la da fábrica
de fios e pano riscado
(de que os homens fazem calças)
onde aquela gente trabalha,
nem do mínimo salário
que aquela gente recebe,
nem separar a fábrica
de lama da fábrica
de fios,
nem o fio
do bafio
envenenado na lama
       que de feder tantos anos
já é parte daquela gente
              (como

> *o cheiro de um bicho pode ser parte*
> *de outro bicho)*
>   *e a tal ponto*
> *que nenhum deles consegue*
> *lembrar flor alguma que não tenha*
> *aquele azedo de lama*
>   *(e não obstante*
>   *se amam)*

A faca nos dentes expõe a crítica e o ataque desta luta verbal, não deixando de ser a técnica destruindo a tradição, mas criando ritmos e imagens que se aliam à poética popular, que se junta ao povo, com reivindicações, protestos, reclamações. Luta, pura luta, desmonte de versos e de palavras. Destruição do convencional. Fazer e refazer o tradicional. Na luta verbal, a beleza é a denúncia e a crítica social, muitas vezes — ou quase sempre — tendo a ironia como aliada.

Veja-se o caso de minha personagem Camila, uma fanática religiosa comandada pelo pastor-capitão, criador da seita Os Soldados da Pátria por Cristo Jeremias. Foi isso que fiz nas minhas obras anteriores, mas a crítica parnasiana, e nunca passou de parnasiana, preferiu ver um beletrismo inútil. Bobagem. Falta de leitura e de estudos. Minha alma é irmã de Deus, reformula toda técnica do romance, contando ou descontando a narrativa de Camila, fanática religiosa, em busca do paraíso com 11 mil virgens, sob o comando irresponsável do capitão-pastor Jeremias, sobretudo corruptor de menores.

E há também *Colégio de Freiras*, com a história de Vânia, que passou trinta anos num presídio porque perdeu a virgindade. Não foi a julgamento, sem culpa formada, teve de fugir para viver num bordel chamado Colégio de Freiras, na companhia de Milena, a amiga de infância. Desmonte de narrativa e de montagem. Nada de beletrismo, mas de libertinagem crítica a uma sociedade que prefere a tortura ao pecado. Assim: Amar não pode, mas torturar e matar pode. *Estão matando os meninos*, em seguida, representa, justamente, esse grito de guerra que dá início a esta *Luta verbal*, o mais imediato protesto contra uma política nacional que joga o pobre na fome, rouba os empregos e decreta a morte da economia.

É nesse sentido que devemos lutar, colocando em ação, sobretudo, o que recebemos de um Jorge Amado e de um Graciliano Ramos, como herança, este último capaz de derrotar a tradição com suas técnicas e de transformar as técnicas em conquista popular. Sobretudo com a crítica social. Sem esquecer, aliás exaltando, Lima Barreto, marcado pela escravidão, decidido a mudar vidas e conceitos. Não se trata, como se percebe desde logo, de "populismo literário", como injustamente Alfredo Bosi classificou a obra de Jorge Amado, mas do enfrentamento da brutal realidade brasileira com palavras e técnicas, qualidade e ativismo, sem panfleto mas com ação.

Sugiro substituir, pelo menos neste ensaio, a palavra "literatura" pela expressão "luta verbal", incluindo o funk slam, verdadeiro ativismo literário surgido na periferia das grandes cidades, ocupando espaços preciosos nas escolas e nas escadarias das faculdades e de edifícios públicos, sem perder de vista o rap, os encontros de violeiros, a dança dos malabares nos circos, chamada de vídeos com aulas de fora para dentro, ou seja, da rua para a sala de aula.Assim, atua naquele sentido a que se referiu Sartre, desaparece ou morre. "O mundo passa muito bem sem a literatura", escreveu o francês naquele livro terrível e demolidor *O que é literatura?*. Acrescenta: "Falo do escritor francês, o único que se manteve burguês, o único que deve acomodar-se a uma língua que foi quebrada, vulgariza, amolecida por cento e cinquenta anos de dominação burguesa, recheada de 'burguesismos' que parecem pequenos suspiros de satisfação e abandono".

É nesse sentido que encontramos a luta verbal, já substituindo a literatura satisfeita com um pôr de sol luxuriante ou com o mar azul banhando as praias cálidas e idílicas onde se despojam sonhos de consumo. Seguiremos esta vertente, apesar da declaração enfática de Graciliano Ramos: "Qualquer romance é social. Mesmo a literatura 'torre de marfim' é trabalho social, porque só o fato de procurar afastar outros problemas é luta social" (*O velho Graça*, de Dênis de Moraes).

Jorge Amado e Graciliano Ramos entrincheirados na luta verbal

Contradição amadiana

Desde cedo, Jorge Amado viveu com uma incrível contradição — incrível e inacreditável: enquanto era um dos autores mais lidos do país, era também o mais silenciado. Tornara-se proibido nas escolas, universidades e centro de estudos, personagem das tesouras e canetas dos censores governamentais. Ocorre que as escolas não refletiam o clima político do país. Recomendado, no entanto, nos sindicatos e nas cooperativas, era idolatrado, examinado, lido, estudado, debatido. Lido nas ruas, nas assembleias populares, nos estádios de futebol, nas favelas, nos grêmios rurais, uma verdadeira idolatria nacional.

A sofisticação nunca tirou a faca dos dentes de Jorge Amado. Popular na linguagem e sofisticado na estrutura, eis *Suor*, um romance revolucionário que trata da miséria e de suas enormes consequências num país atacado por preconceito, discriminações e por uma literatura que pretendia ser o sorriso da sociedade. Tratava-se, e ainda trata-se, a literatura como o reino dos sonhos, das ilusões e das desilusões. Literatura como sinônimo de inutilidade, mas, ainda assim, proibida. Sendo que a literatura é, na verdade, um grito de dor.

Veja-se o início de *Suor*, que é escandaloso para uns, para os parnasianos, mas verdadeiro e necessário para muitos, sobretudo para aqueles que conhecem a realidade do povo brasileiro, submetido a toda espécie de miséria:

Os ratos passaram, sem nenhum sinal de medo, entre os homens que estavam parados ao pé da escada escura. Era escura assim de dia e de noite e subia pelo prédio como um cipó que crescesse no interior do tronco de uma árvore. Havia um cheiro de quarto de defunto, um cheiro de roupa suja, que os homens não sentiam. Também não ligavam aos ratos que subiam e desciam, apostando carreira, desaparecendo na escuridão.

Rato e homem se entendem

Em seguida, um momento extremamente grandioso, com a construção da dor e da miséria num discurso cenográfico de profunda significação social e política, em que, na prática, a crítica social substitui a beleza tradicional. Uma cena — homens e ratos — com cenário que coloca o leitor imediatamente dentro do romance com seus cheiros e habitantes. O cenário vai construindo a cena e a cena construindo um cenário, inevitáveis, homem e miséria são a mesma coisa:

> Estirou o jornal no chão e deitou-se em cima. Havia uma poça de mijo adiante. Cabaça não ligou. Já estava acostumado. Começou a assobiar baixinho, de um modo especial. Ratos corriam na escuridão da escada e ele prestava atenção ao barulho que faziam. Algum tempo depois, ouviu um ruído familiar. Assobiou mais alto, até que um rato gordo, grande, chegou-se para ele.
> — Boa noite, Pelado.
> Passou as mãos nas costas do rato, que era realmente pelado, de tão gordo, com os bigodes grandes que pareciam de gato.
> Cabaça cortou o acarajé em pedaços pequenos, que o rato comeu vorazmente. Alisou-lhe as costas um bom tempo, até que o animal deu mostras de impaciência.
> — Vá dormir, Pelado.
> O rato, solto, disparou pela escada. Cabaça enrolou-se na colcha e dormiu, sem ouvir os passos dos homens que subiam, das mulheres que entravam.

Graciliano Ramos comenta: "Um sopro de poesia varre todas as imundícies, perfuma esse munturo social". Adiante, afirma: "A miséria aqui não nos aparece de punho cerrado e rangendo dentes: encolhe-se com doçura, espera que as coisas melhorem e acabam por arranjar-se, confia no feitiço, na proteção de divindades bárbaras e terríveis". Na verdade estas não são apenas observações a *Suor*, mas à obra de Jorge Amado, autor que romantiza muito a miséria e a tira do horror do sofrimento e da marginalidade social. Esse mesmo Graciliano condena veementemente a literatura convencional, aquela literatura condenada por Sartre, chamada de "burguesa", justamente por exibir belos cenários e situações maravilhosas, e, segundo o filósofo, recheada de pequenos suspiros de satisfação e abandono (*Garranchos*, org. de Thiago Mio Salla, pp. 155-9).

O contrário e desnecessário ocorre neste diálogo de Léon em *Madame Bovary*:

> — Para mim não há nada que se compare a um pôr do sol — prosseguiu ela —, principalmente à beira-mar.
> — Oh! Eu adoro o mar — disse Léon.
> — E, depois, não lhe parece — continuou a sra. Bovary — que o espírito vagueia mais livremente por aquela extensão sem limites, cuja contemplação nos eleva a alma, e nos dá ideias do infinito, do ideal?
> — Sucede como nas paisagens das montanhas — prosseguiu Léon. — Eu tenho um primo que viajou pela Suíça, o ano passado, e dizia não se poder imaginar a poesia dos lagos, o encanto das cascatas, o efeito gigantesco das geleiras. Veem-se ali pinheiros de uma grandeza incalculável, atravessados nas torrentes; cabanas suspensas sobre precipícios, e quando as nuvens se entreabrem, avistam-se vales inteiros, mil pés abaixo de nós. Espetáculos como esses devem entusiasmar, predispor para a oração e para o êxtase! Por isso já não me admira aquele célebre músico que, para exercitar melhor a imaginação, tinha o costume de tocar em algum lugar majestoso.

Essa literatura "em que o espírito vagueia mais livremente por aquela extensão sem limites, cuja contemplação nos eleva a alma" é tudo que não interessa à luta verbal. Esse diálogo de *Madame Bovary*, aliás, é exemplar.

Em artigo publicado em *Linhas tortas*, Graciliano lança um verdadeiro manifesto contra o que chama de "literatura antipática e insincera", em tintas fortes e definitivas, indicando com clareza os futuros caminhos da luta verbal:

> Há uma literatura antipática e insincera que só usa expressões corretas, só se ocupa de coisas agradáveis, não se molha em dias de inverno e por isso ignora que há pessoas que não podem comprar capas de borracha. Quando a chuva aparece, essa literatura fica em casa, bem aquecida, com as portas fechadas. E se é obrigada a sair, embrulha-se, enrola o pescoço e levanta os olhos, para não ver a lama nos sapatos. Acha que tudo está direito, que o Brasil é um mundo e que somos felizes. Está claro que ela não sabe em que consiste essa felicidade, mas contenta-se com afirmações e ufana-se do seu país. Foi ela que, em horas de amargura, receitou o sorriso como excelente remédio para a crise. Meteu a caneta nas mãos de poetas da Academia e compôs hinos patrióticos; brigou com os estrangeiros que disseram cobras e lagartos desta região abençoada; inspirou a estadistas discursos cheios de inflamações, e antigamente redigiu odes bastante ordinárias; tentou, na Revolução de 30, pagar a dívida externa com donativos de alfinetes, botões, broches e moedas de prata. Essa literatura é exercida por cidadãos gordos, banqueiros, acionistas, comerciantes, proprietários, indivíduos que não acham que os outros tenham motivo para estar descontentes.

Enfim, as circunstâncias são as mesmas e, fora casos isolados, precisamos investir na luta verbal. Sobretudo no estudo sistemático da literatura, trazendo a rua para dentro da sala de aula e, mais do que isso, fazendo o livro se tornar imprescindível na formação profissional do jovem. Não somente um texto curto ou um poema, mas um grande aprendizado de vida e de profissão, sem que se torne didático, abrindo e escancarando fronteiras.

Muitos alunos nunca tiveram oportunidade de ler e debater um livro. No nosso projeto, o estudante dever fazer uma chamada de vídeo onde apareça ao vivo um assunto que está sendo lido e debatido em sala de aula, provocando um debate sobre o slam, um rap ou um funk, imediatamente "glosado", para usar uma expressão nordestina, pelos colegas na escola. Uma maneira de se atualizar o tema em debate ao vivo.

Duelo silencioso e digno

Graciliano Ramos e Jorge Amado, entrincheirados na luta verbal, enfrentaram-se em combate silencioso e digno por uma visão do mundo socialista, mas com diferentes armas de enfrentamento, sobretudo com respeito a técnicas combatidas por Sartre reiteradas vezes, embora equivocado na maioria delas.

A técnica literária não é, em absoluto, um elemento burguês. Pelo contrário, é elemento de combate à elite e à tradição. A técnica obriga a luta verbal a se mover, a criar novas condições de leitura e, com elas, novas condições de vida, de realidade, a procurar novas armas de combate, insistentemente. Não só a busca da beleza, mas também da crítica social, como beleza de um miserável que brinca e alimenta um rato, como vimos em Jorge Amado. Essa beleza na verdade é crítica social vigorosa, que está mais próxima de nós, de nossa verdade, de nossa realidade. Sem exaltação, é certo. Aqui não se pergunta se é feio ou belo. São categorias burguesas. Quem responde a essa pergunta é a miséria. E a miséria não é bela nem feia. É a miséria.

O arquiteto de lápis na mão

Jorge Amado relegou a técnica convencional até o limite, mas lançou mão dessa mesma técnica, num jogo dialético, em *Suor*, esse romance proletário, em muito se antecipando ao que se produziu posteriormente. A beleza nesse autor está na denúncia social. A beleza é a crítica, embora às vezes tenha que recorrer a estratégias literárias, com o que concorda Graciliano Ramos:

> O livro do senhor Jorge Amado não é propriamente um romance, pelo menos romance como os que estamos habituados a ler. É uma série de pequenos quadros tendentes a mostrar o ódio que os ricos inspiram aos moradores da hospedaria. Essas criaturas passam rapidamente, mas vinte delas ficam gravadas na memória do leitor.

Outra coisa: a montagem ou estrutura da obra funciona como o belo estético, naquela conceituação grega, mas encontrada apenas na obra, o belo da obra que é a denúncia social, a defesa dos oprimidos... Desse modo, Graciliano trata o autor baiano como um arquiteto, para demonstrar o cuidado com o aproveitamento e a distribuição dos espaços na obra, técnica absolutamente original:

> O autor examinou de lápis na mão a casa de cômodos e muniu-se de anotações, tantas que reproduziu, com todos os erros, uma carta em que se agencia dinheiro para igreja, uma notícia de jornal, um recibo e desses escritos extravagantes que as pessoas supersticiosas copiam, com receio de que lhes chegue desastre, e remetem a dez indivíduos das suas relações. Esse amor à verdade, às vezes prejudicial a um romancista, pode fazer-nos crer que lhe falta imaginação, dá certas páginas de *Suor* um ar de reportagem.

A montagem de um romance é sempre resultado dos estudos de técnicas. A técnica renovadora de *Suor* desmonta e destrói a tradição ou o romance tradicional. Só as pessoas menos informadas entendem a sofisticação literária como esnobismo, mas a manifestação técnica literária rompe com a estrutura tradicional e leva à vanguarda, como tem ocorrido ao longo da história da literatura. Não confundir, por favor, com o sorriso da sociedade. Pelo contrário, é a manifestação de uma nova estrutura que acaba sendo capaz de desmontar o tradicional. A estrutura do romance como elemento de crítica contundente. "As coisas não aparecem apenas como são (e quem sabe lá como as coisas são?), mas como o personagem principal as vê." (*Garranchos*, org. de Thiago Mio Salla)

Assim podemos entender Graciliano como um militante da luta verbal, às vezes conservador, de um lado, e quase sempre rebelde, de outro. Rebelde, límpido e claro, optando pela gramática das ruas, mesmo com a "poética da linguagem", que poderia ser muito bem o pórtico de suas graves preocupações. Conservador sobretudo na poética... É assim que surge a sua "poética da linguagem":

> Deve-se escrever da mesma maneira como as lavadeiras lá de Alagoas fazem seu ofício. Elas começam com uma primeira lavada, molham a roupa suja na beira da lagoa ou do riacho, torcem o pano, molham-no novamente, voltam a torcer. Colocam o anil, ensaboam e torcem uma, duas vezes. Depois enxáguam. Batem o pano na laje ou na pedra limpa, e dão mais uma torcida e mais outra, torcem até não pingar do pano uma só gota. Somente depois de feito tudo isso é que elas dependuram a roupa lavada na corda ou no varal, para secar. Pois quem se mete a escrever devia fazer a mesma coisa. A palavra não foi feita para enfeitar, brilhar como ouro falso: palavra foi feita para dizer.

Beba conhaque, escritor, você acanalhou o troço

Isso tudo parece definitivo mas perde o sentido no capítulo de *São Bernardo* em que Paulo Honório e Gondim falam sobre a linguagem do livro que escrevem:

> — Vá para o inferno, Gondim. Você acanalhou o troço. Está pernóstico, está safado, está idiota. Há lá ninguém que fale dessa forma!
> Azevedo Gondim apagou o sorriso, engoliu em seco, apanhou os cacos de sua pequenina vaidade e replicou amuado que um artista não pode escrever como fala.
> — Não pode? perguntei com um assombro . E por quê?
> Não pode porque não pode.
> Azevedo Godim respondeu que não pode porque não pode.

— Foi assim que sempre se fez. A literatura é a literatura. A gente discute, briga, trata de negócios naturalmente, mas arranjar palavras é outra coisa. Se eu fosse escrever como falo, ninguém me lia.

É possível dizer, claro, que o narrador não é o autor e, ainda mais, que o personagem não é o autor nem é o narrador, tem personalidade própria e, é óbvio, tem vida própria. Mesmo assim, fica no ar o conflito de Graciliano Ramos em relação a si mesmo e a outros autores. Talvez nem aconteça mesmo o conflito, o conflito seja do analista.

Continuando, o narrador termina a conversa e o capítulo:

> Levantei-me e encostei-me à balaustrada para ver de perto o touro limosino que Marciano conduzia ao estábulo. Uma cigarra começou a chiar. A velha Margarida veio vindo pelo paredão do açude, curvada em duas. Na torre da igreja uma coruja piou. Estremeci, pensei em Madalena. Em seguida enchi o cachimbo:
> — É o diabo, Gondim. O mingau virou água. Três tentativas falhadas, num mês! Beba conhaque, Gondim.

De resto, Graciliano, cansado de tanta literatice, de tanta obra falhada, nos ordena: Beba conhaque, escritor. Para quem quer escrever apenas aos beijos e abraços, em praias iluminadas de sol festivo, gramática certíssima e sonhos de Cinderela, o conselho: Beba conhaque, escritor.

Dono de uma técnica sofisticadíssima — que vai de encontro ao universo literário de Jorge Amado; o que não quer dizer que seja maior ou melhor, mas oposto —, Graciliano Ramos cria um *cenário psicológico* que vai da admiração ao touro limosino, conduzido pela imagem do ignorante Marciano, até se autorrepreender por ser tão brilhante, recriminando-se por entregar o texto do livro a uma pessoa tão despreparada. Depois, inquieta-se com a própria repressão, que ele julga tardia, porque a ideia está morta, e ouve então a coruja — que no Nordeste é chamada de rasga mortalha, cuja tarefa principal é anunciar a morte. Estratégia literária de alta sutileza, que incomodava a direção brasileira do Partido Comunista, que preferia, no caso de Jorge Amado, o uso de uma linguagem popular.

Escrita rasa?

Embora não optasse por uma técnica, Jorge Amado escrevia numa linguagem mais popular, leve e proletária — o que não significa erro, mas escolha —, mais Paulo Honório do que Gondim, mesmo na escolha das cenas e dos cenários. Ainda assim, o que não falta no baiano é sofisticação literária com maior liberdade de ação, sem cair no academicismo. Usa a metáfora de uma luta de boxe na abertura de *Jubiabá*, colocando o negro Antônio Balduíno contra o branco alemão, dando-lhe incisivamente uma vitória arrasadora. Recurso literário, sem dúvida, que a direção do partido desconhecia porque não estava preparada para a crítica literária e cultural, mas apenas para a crítica política, muito ao gosto dos ventríloquos de Zidanov. É claro que Graciliano Ramos é bem mais sofisticado. A abertura de *Jubiabá* reclama melhor reflexão, mesmo quando se procura em Jorge Amado mais um político do que um escritor.

Está escrito:

> A multidão se levantou como se fora uma só pessoa. E conservou um silêncio religioso. O juiz contou:
> — Seis...
> Porém antes que contasse sete o homem loiro se ergueu sobre um braço, e juntando todas as forças se pôs de pé. Então a multidão se sentou novamente e começou a gritar. O negro investiu com fúria e os lutadores se atracaram em meio ao tablado. A multidão berrava:
> — Derruba ele! Derruba ele!
> O largo da Sé pegara uma enchente naquela noite. Os homens se apertavam nos bancos, suados, os olhos puxados para o tablado onde o negro Antônio Balduíno lutava com Ergin, o alemão. A sombra da igreja centenária se estendia sobre os homens. Raras lâmpadas iluminavam o tablado. Soldados, estivadores, estudantes,

operários, homens que vestiam apenas camisa e calça, seguiam ansiosos a luta. Pretos, brancos e mulatos torciam todos pelo negro Antônio Balduíno, que já derrubara o adversário duas vezes.

O capítulo tem este final: "Sorriu, apertou o dinheiro no bolso da calça e se dirigiu para a pensão da Zara, onde morava Zefa, cabocla de dentes limados que viera do Maranhão". Este parágrafo pode sugerir uma expressão mais popular, sobretudo considerando o nome das personagens. Mas é preciso destacar que linguagem de romance não é a palavra ou a frase. A linguagem do romance é todo o conjunto. É também, ou sobretudo, a estrutura da obra, da qual o autor de *Jubiabá* não se descuidava nunca. Desde muito cedo mostrara muito interesse pela composição literária, para usar uma expressão de Graciliano Ramos, com ênfase na frase, no modo popular, "para afastar as letras baianas da retórica, da oratória balofa, da literatice e dar-lhe conteúdo nacional e social", destaca Josélia Aguiar na excelente biografia do autor.

Na obra inaugural, *País do Carnaval*, mesmo disposto a se consagrar a uma obra que acabasse com a oratória balofa, usa o artifício de trazer um personagem real para criar seu protagonista. "Não é difícil supor, por certas ideias, que se aproximava de Paulo Prado, ilustre mecenas do modernismo paulista que publicara ensaio de peso naqueles dias", assegura Josélia Aguiar. O protagonista Paulo Rigger, "assim como Prado, via o mal do país como soma histórica de cobiça, luxúria e miscigenação". No romance recorre à técnica do diálogo, para evitar, inclusive, cenas e cenários. Como disse Medeiros e Albuquerque, crítico literário do Rio de Janeiro: "Um evidente excesso de diálogos sobre narrações e descrições". Sem dúvida um recurso técnico que a crítica nacional não estava preparada para ver, sobretudo porque dava ao escritor a possibilidade de recorrer, por exemplo, à expressão popular, sem parecer artificial.

Quando se viu, enfim, liberto da censura partidária, a sofisticação amadiana tornou-se ainda mais visível e mais verdadeira em *Tenda dos milagres*, destacando sua imensa genialidade artesanal e reunindo a um só tempo o ficcionista e o ensaísta. São dois planos narrativos com Pedro Arcanjo real e Pedro Arcanjo mítico, de forma que se pode ver aí também um duplo Jorge Amado, aquele que inventou a Bahia com sua rica e intensa cultura, e o Jorge Amado famoso internacionalmente a despertar a curiosidade científica de um etnólogo Prêmio Nobel. Dois livros num só, e também assim dois personagens num só. Ou mais, muitos personagens num só. Isso mesmo: muitos livros num só, a obra inteira rememorada. (Recomendo a leitura sistemática dos livros de Jorge Amado, sobretudo na edição recente da Companhia das Letras, quase sempre com posfácios esclarecedores.)

Não significa que Jorge Amado aderiu à literatura burguesa, de forma alguma. A ideologia continuou em andamento, mas agora com mais liberdade criativa, o que não se constitui novidade. *Terras do sem-fim* é um modelo de sua sofisticação com simplicidade. Não significa, de modo algum, adesão ao "romance burguês". Jorge Amado está em plena luta verbal, sem tirar a faca dos dentes. O compromisso com a luta verbal lhe será decisivo e definitivo a vida inteira:

Vamos à sequência de movimentos da abertura da segunda parte — "A Mata" — de *Terras do sem-fim*:

> A mata dormia o seu sono jamais interrompido. Sobre ela passavam os dias e as noites, brilhava o sol do verão, caíam as chuvas de inverno. Os troncos eram centenários, um eterno verde se sucedia monte afora, invadindo a planície, se perdendo no infinito. Era como um mar nunca explorado, cerrado no seu mistério. A mata era como uma virgem cuja carne nunca tivesse sentido a chama do desejo. E como uma virgem era linda, radiosa e moça, apesar das árvores centenárias. Misteriosa como carne de mulher ainda não possuída. E agora era desejada também.
>
> Da mata vinham trinados de pássaros de pássaros nas madrugadas de sol. Voavam sobre as árvores as andorinhas de verão. E os bandos de macacos corriam numa doida corrida de galho em galho, morro abaixo, morro acima. Piavam os corujões para a lua amarelada nas noites calmas. E seus gritos não eram

ainda anunciadores de desgraças já que os homens ainda não haviam chegado na mata. Cobras de inúmeras espécies deslizavam entre as folhas secas, sem fazer ruído, onças miavam seu espantoso miado nas noites de cio.

A mata dormia. As grandes árvores seculares, os cipós que se emaranhavam, a lama e os espinhos defendiam o seu sono.

Da mata, do seu mistério, vinha o medo para o coração dos homens. Quando eles chegaram, numa tarde, através dos atoleiros e dos rios, abrindo picadas, e se defrontaram com a floresta virgem, ficaram paralisados pelo medo. A noite vinha chegando e trazia nuvens negras com ela, chuvas pesadas de junho. Pela primeira vez o grito dos corujões foi, nesta noite, um grito agoureiro de desgraça. Ressoou uma voz estranha pela mata, acordou os animais, silvaram as cobras, miaram as onças nos seus ninhos escondidos, morreram andorinhas nos galhos, os macacos fugiram. E, com a tempestade que desabou, as assombrações despertaram na mata. Em verdade teriam elas chegado com os homens, na rabada de sua comitiva, junto com os macacos e as foices, ou já estariam elas habitando a mata desde o início dos tempos? Naquela noite despertaram e eram o lobisomem e a caapora, a mula de padre e o boitatá.

Os homens se encolheram com medo, a mata lhes infundia medo, um respeito religioso. Não havia nenhuma picada, ali habitavam somente os animais e as assombrações. Os homens pararam, o medo no coração.

Um parágrafo de passagem traz o humano para dentro do amplo *cenário*, insistentemente chamado "a mata". Técnica, pura técnica de uma narrativa bem cuidada, bem elaborada, bem realizada. Mas com muita ironia. Os homens estão com medo de fantasmas, que são, no fim, eles próprios. Escrever bem não é o caso, nem objeto de exame. Escrever bem está na ironia que, enfim, é a crítica social. Assim:

Cenário sobre cenário

Observe-se: *O cenário natural sobre o cenário natural* é puro e limpo, preparado para receber personagens e animais, por isso sem sinal de cenas — presença humana, por exemplo. Comparado a uma virgem que se prepara para receber o macho, digamos. *Cenário sobre cenário*. Aí se destaca o uso reiterado do adjetivo.

Ritmo, cenário, adjetivos

No segundo momento, todo o texto é marcado por um ritmo erótico, e agora com a predominância de animais, que criam um elemento interno muito forte, capaz de sugerir um denso relacionamento. O sexo é assim um dos elementos mais fortes de Jorge Amado. Aí o texto é enriquecido pelos adjetivos, que indicam dois cenários que formam um só, *cenário sobre cenário*, com uma consciência incrível do texto, passo a passo. A técnica que destrói a tradição. É para isso que serve a técnica, sobretudo nas mãos habilíssimas de Jorge Amado, visto pelo Partido Comunista apenas como um autor proletário, dono de uma linguagem popular e de cenas cruéis, que aconteceram, em sua forma mais dramática, nos romances iniciais ou naqueles escritos por encomenda.

Costumo ver uma terceira fase dramática no autor, sobretudo a partir de *Gabriela, Cravo e Canela*, em que manteve a crítica e denúncia sociais, a contundência política, trazendo as grandes mulheres como Gabriela, dona Flor, Tereza Batista, Tieta.

São três fases decisivas: romances proletários e livros sob encomenda; romances sociais com ênfase nas mulheres e romances políticos sobre movimentos sociais e sindicalistas; além, é claro, de livros sobre negritude e miscigenação, confundidos com panfletagem, por exemplo.

O ouvido, elemento da oralidade

Jorge Amado é mais, muito mais do que um contador de histórias, ele seduz o leitor através da cultura e da política, enriquecendo a sua luta verbal, de forma a enfrentar a tradição e o poder, sobretudo a partir do magnífico *Terras do sem-fim*, sem esquecer *Jubiabá*, o grande romance que não pode faltar nas escolas.

Nesse sentido, o ouvido, por exemplo, é um fortíssimo elemento cultural brasileiro, a ressaltar a oralidade, que termina por justificar a espontaneidade da nossa música, dos torneios de viola e das histórias contadas nas noites vadias. Noites de lobisomem e de mulas sem cabeças. De conversas à luz dos candeeiros. De serenatas e de alvoradas. Enfim, uma técnica de verdadeira luta verbal. O texto continua:

> A tempestade caiu, raios que cortavam o céu trovões que ressoavam como o rilhar de dentes dos deuses da floresta ameaçada. Os raios iluminavam por um minuto a mata, mas os homens não viam nada mais que o verde-escuro das árvores, os sentidos presos aos ouvidos que ouviam, justamente com o silvo das cobras em fuga e com o miado das onças aterrorizadas, as vozes terríveis das assombrações soltas na mata. Aquele fogo que corria sobre os mais altos galhos saía sem dúvida das narinas do boitatá. E o tropel que se ouvia que era senão a corrida através da floresta da mula do padre, antes linda donzela que se entregou, numa ânsia de amor, aos braços sacrílegos de um sacerdote? Não ouviam mais o miado das onças. Agora era o grito desgraçado do lobisomem, meio homem, meio lobo, de unhas imensas, desvairado pela maldição da mãe. Sinistro bailado da caapora, com seu único braço, rindo com sua face pela metade. O medo no coração dos homens.

Observe-se que ao contrário da técnica *O olhar do personagem*, Jorge Amado opta pelo *Ouvido do personagem*, de onde vem a natureza do conflito.

O conflito aqui não sugere angústia ou drama psicológico. Um *monólogo* ou um *fluxo da consciência*. Fala-se no medo, é verdade, mas o medo cultural, sem individualismo, com pluralidade sem a queixa do eu — em perfeita comunhão com o social.

Nesse sentido parecem se diferenciar Jorge e Graciliano, o que não é verdade. Curioso, monólogos em terceira pessoa vindos de fora para dentro e não ao contrário, de dentro para fora? Até porque está em questão, como já se disse, o conflito coletivo. Assim, o conflito cultural. (Sobre *monólogos* em Graciliano Ramos, leia-se Antonio Candido, *Ficção e confissão*, pp. 56 ss.)

O Brasil como técnica e denúncia social

Sofisticado, com absoluto compromisso com a cultura brasileira, engajado na luta verbal, Jorge Amado traz as imagens, a visão de um povo esmagado pela fome, pela miséria e pelas discriminações, culturalmente maltratado pelos poderosos e pelos fantasmas. A principal técnica do autor é a sua absoluta adesão à dor brasileira manifestada sempre nas agressões sociais contra os pobres, os miseráveis e sobretudo os negros. Um país sempre desigual e injusto precisa de uma permanente luta verbal. A sofisticação técnica está nisso. Os defensores de Jorge vão me esganar, mas tem ele muita habilidade na denúncia social e na reparação das injustiças com muita técnica literária.

É claro que Jorge Amado não se empenhou na sofisticação — o que teria até rejeitado —, mas não se pode negar que ela está aí presente, até mesmo trazendo a cultura popular com suas crenças, que os intelectuais acadêmicos costumavam esquecer. É possível, talvez certo, que nele a sofisticação seja apenas intuição de quem estava pronto para escrever sempre os melhores livros. Intuição ou não, o certo é que está. Com todos os recursos que merece a arte do romance, ou da prosa.

O foco do olhar em *Vidas secas*

Se o *ouvido do personagem* funcionou tão bem em Jorge Amado, o olhar em Graciliano ganhou a mesma força, sendo que Jorge Amado era intuitivo — embora Graciliano veja nele um arquiteto de lápis na mão em *Suor*, com a técnica chegando pela necessidade literária, sem nunca sufocar o vínculo popular. Já a técnica de Graciliano Ramos era estudada, analisada, questionada. Antonio

Candido, em *Ficção e confissão*, percebeu isso com muita argúcia e tratou de aprofundar os seus estudos.

Note-se que, abandonando a técnica dos livros anteriores, Graciliano abandona aqui a narrativa na primeira pessoa e suprime o diálogo. A rusticidade dos personagens tornava impossível a primeira técnica; a segunda viria trazer uma ruptura do admirável ritmo narrativo que adotou; e solda no mesmo fluxo o mundo interior e o mundo exterior. Em nenhum outro livro é tão sensível a *perspectiva recíproca*, referida acima, que ilumina o personagem pelo acontecimento e este por aquele. É que ambos têm aqui um denominador comum que os funda e nivela — o meio físico.

Um olhar em agonia e desmaio

O admirável *Vidas secas* — chamado por Rubem Braga de *romance desmontável*, e por Caio Fernando de Abreu de *romance mobile* —, tem um *olhar de personagem* muito sutil em agonia e desmaio. Basta observar o ritmo narrativo:

> Na planície avermelhada os juazeiros alargavam duas manchas verdes. Os infelizes tinham caminhado o dia inteiro, estavam cansados e famintos. Ordinariamente andavam pouco, mas como haviam repousado bastante na areia do rio seco, a viagem progredira bem três léguas. Fazia horas que procuravam uma sombra. A folhagem dos juazeiros pareceu longe, através dos galhos pelados da catinga rala.

Percebem-se, claramente, dois momentos narrativos. 1. "Na planície avermelhada os juazeiros alargavam duas manchas verdes". É narrativa de alguém que vê, sente e informa de fora para dentro, *olhar de personagem*; 2. "Os infelizes tinham caminhado o dia inteiro, estavam cansados e famintos. Ordinariamente andavam pouco, mas como haviam repousado bastante na areia do rio seco, a viagem progredira bem três léguas. Fazia horas que procuravam uma sombra" — *olhar do narrador onisciente*, vê, examina e interpreta, sobretudo interpreta. Conhece o passado e sabe o que aquilo tudo representa. Depois volta ao primeiro momento, *olhar do personagem*: "A folhagem dos juazeiros pareceu longe, através os galhos pelados da catinga rala".

Essa abertura de *Vidas secas*, uma fotografia emoldurada nas frases: 1. "Na planície avermelhada juazeiros alargavam duas manchas verdes"; 2. "A folhagem dos juazeiros pareceu longe, através dos galhos pelados da catinga rala" — no centro, a foto que surpreende a família caminhando no leito seco do rio; 3. No meio, a foto como se fosse uma lembrança dramática. Algo inesquecível que estivesse na retina do escritor.

Em seguida, nisso tudo há uma fala de *cena sobre cenário natural* com profunda crítica social. Para entender melhor, leia-se *História concisa da literatura brasileira*, de Alfredo Bosi: "Graciliano via em cada personagem a face angulosa da opressão e da dor. Nele há conaturalidade entre o homem e o meio". Mais ainda: "O realismo de Graciliano não é orgânico nem espontâneo. É crítico". Destaque-se, sobretudo: "A paisagem capta-se menor por descrições miúdas que chama o leitor para o texto: por uma série de tomadas cortantes; e a natureza interessa ao romancista só enquanto propõe o momento da realidade hostil a que a personagem responderá como lutador em *São Bernardo*, retirante em *Vidas secas*, assassino e suicida em *Angústia*".

— Anda, condenado do diabo, gritou-lhe o pai.
Não obtendo resultados, fustigou-o com a bainha da faca de ponta. Mas o pequeno esperneou acuado, depois sossegou, deitou-se, fechou os olhos.

O livro continua como uma série de fotografias emolduradas com crítica contundente do autor à realidade, com faca nos dentes, em que os pequenos momentos realizam-se como verdadeiros monólogos. Paisagens e natureza profundamente integradas, cortantes; os personagens movem-se por força do impulso, empurrados e desgastados pela natureza.

O *olhar do personagem*, aí sob o comando do narrador onisciente, observa e examina. Fabiano examina Vitória, que carrega o filho para o quarto, com o cuidado e o carinho de mãe; apesar do sacrifício da retirada, arrastaram-se para lá devagar. Esta é a moldura: "Arrastaram-se para lá, devagar — um pretérito perfeito com efeito de presente, que tona a caminhada ainda mais lenta, provocando o som dos pés no chão seco: ta, lá, gar. Onomatopéia áspera de puro amor sertanejo. Fabiano não perde o afeto de pai e sente a dor da família.

> 1. Arrastaram-se para lá, devagar, sinhá Vitória com o filho mais novo escanchado no quarto e o baú de folha na cabeça. 2. Fabiano sombrio, cambaio, o aió a tiracolo, a cuia pendurada numa correia presa ao cinturão, a espingarda de pederneira no ombro. 3. O menino mais velho e a cachorra Baleia iam atrás.
> 1. Os juazeiros aproximaram-se, recuaram, sumiram-se. 2. O menino mais velho pôs-se a chorar, sentou-se no chão.

Quebra de parágrafo porque o menino mais velho completa a família, mas está fora do olhar do *narrador onisciente*, que é também do próprio Fabiano. A moldura está no 2. "O menino mais velho pôs-se a chorar, sentou-se no chão".

É o olhar dele desmaiando que vê os juazeiros alargando as manchas verdes porque está desmaiando. Afinal, 1. "Os juazeiros aproximaram-se, recuaram, sumiram-se". O menino mais velho chorou e desmaiou. Sentou-se no chão. Dois olhares conduzem a narrativa crítica e áspera.

Na luta verbal, a beleza é substituída pela crítica social, com vantagem, como já disse repetidamente. Muitas vezes até acrescida de um novo elemento: a ironia, que também é um atributo da obra de Lima Barreto, ou da minha, por exemplo, com críticas severas à classe média imitadora e subserviente, principalmente subserviente.

Reflexões acerca de Ariano Suassuna e o Movimento Armorial

García Lorca e Juan Rulfo

A *história de Bernarda Soledade: A tigre do sertão* é a primeira minha luta verbal com a *metáfora objetiva* do poder absoluto e indiscriminado que era a ditadura militar, com o combate dos rebeldes do campo sob a liderança de Pedro Lucas. Observe-se: *de um lado os* guerreiros e do outro *os rebeldes*. Veja-se, por exemplo, a luta no pátio da Igreja de Salgueiro. Pedro Militão representa a decadência do patriarcado, a Velha Gabriela é a caduquice dos costumes violentos, Inês, sempre nua, destaca a força da *liberdade*.

Bernarda Soledade foi escrita em 1973 na fazenda Figueiras, propriedade da minha ex-sogra, na cidade de Orobó, agreste de Pernambuco, onde me hospedei para repouso, quando fui diagnosticado com estafa por excesso de trabalho. A recomendação médica era de repouso absoluto, com medicamentos e vitaminas. É claro que viajei mal-intencionado. Tranquei-me na casa grande, no quarto da frente, munido de uma máquina de datilografia portátil, e trabalhei duro durante cinco dias, travando a minha luta verbal. Integrava, nesta época, o Movimento Armorial, criado e liderado por Ariano Suassuna para destacar a cultura popular brasileira através da dança, da música, nos espetáculos circenses, nos folguedos e na literatura, sobretudo na literatura de cordel, com ênfase no picaresco, no risível, com que os pobres derrotam os ricos, revelando assim a dor e o sofrimento do povo deste país, que, apesar de tudo, sabe vencer.

Imediatamente reconhecido pela crítica, o livro recebeu o seguinte comentário do estudioso Haroldo Bruno, em seu livro *Novos estudos de literatura brasileira* (Rio de Janeiro: José Olympio, 1980): "Daí a universalidade desde já assegurada, principalmente pelo sentimento de transfiguração da morte, fazendo pensar numa linguagem internacional a que pertence, por exemplo, *Pedro Páramo*, de Juan Rulfo. [...]. Trata-se, em suma, de uma das mais belas sagas da nossa literatura, pouco importa a poderosa influência que nela tenha exercido García Lorca com *La casa de Bernarda Alba*". Depois, talvez advertido por algum censor, Bruno passaria a escrever críticas violentas contra o Movimento Armorial.

O interesse era mostrar a luta do povo contra os poderosos, uma luta verdadeira, entre outras coisas. Um momento decisivo e definitivo de *Bernarda*, a guerra dos rebeldes contra os poderosos guerreiros:

> [...] O corpo ficou batendo no chão como se ele quisesse, ainda, dizer alguma coisa. Os rebeldes fizeram pontaria em Anrique. Bernarda fazia a cobertura. Pouca gente ouviu quando Lucas Geremias, a boca cheia de sangue, o peito empapado, deu um grito medonho:
> — Traidor! Safado!
> O tiroteio acordou as mulheres. Homens corriam de um lado para outro. Todos procuravam se proteger. Os guerreiros cercavam os rebeldes. Os primeiros mortos estendidos no centro da praça. Um guerreiro conseguiu prender o rebelde Varejão Alencar pelos dois braços, e o chefe se debatia como um danado. João de Azevedo levou um tiro nas pernas quando tentou correr. Esperto, estendeu-se como se estivesse morto. Minutos depois, um só tiro não era ouvido.

No princípio, o livro gerou polêmica interna no grupo porque o escritor Hermilo Borba Filho — que discordava do Movimento Armorial até romper com Ariano — achava que minha denúncia social e o meu estilo tinham mais a ver com Faulkner do que com o Armorial, para absoluta discordância de Ariano. Hermilo chegou a publicar artigo no jornal da cidade do Recife, abordando o assunto. Consultado, confirmei minha ligação com o Armorial, sobretudo por causa das minhas raízes sertanejas e das minhas personagens, principalmente Gabriela, que nascera da convivência com minha tia Dedé. Bernarda vem da minha irmã Lenilce, mas sofre influência direta das minhas outras irmãs Terezinha, Geralda, Anália e Margarida. Faulkner ocuparia parte importante da minha obra por causa da luta contra o racismo, com intransigente defesa do negro americano. Mais tarde, inspirei-me em *Absalão, Absalão!* para escrever minha novela *As sementes do sol: O semeador*.

O enredo de *Bernarda Soledade* expõe muito bem a luta do povo — chamado rebelde, liderado por Pedro Lucas na novela — contra a ditadura, sobretudo no ataque em torno da igreja na praça de Santo Antônio do Salgueiro, no meio da narrativa. Essa visão é fundamental, decisiva, para a leitura do texto. Só faltou escrever — mesmo programado — o sequestro do coronel Pedro Militão enquanto caçava passarinho na mata de Puchinanã. Assim o texto ficaria completo, politicamente.

O riso é faca nos dentes

Essa confissão em nada me distancia do Movimento Armorial, até porque sempre vi em Ariano um homem extremamente preocupado com os miseráveis e os pobres brasileiros, desde que, na infância, viu dois irmãos dividindo um mesmo pão duro no internato do Colégio Americano Batista pois não tinham dinheiro para comprar comida. Sempre se preocupou muito com o destino do Brasil. Testemunhou e sofreu com a fome no sertão da Paraíba. E se colocou sempre à disposição dos pobres em todos os seus projetos. Adotou a comedia dell'arte, o picaresco, a arte circense e o riso como técnica para combater a miséria no Brasil. João Grilo e Quaderna são exemplos dessa incrível vitória através do riso, que desmoraliza mais do que bala e sangue. O riso fere, corrói e mata.

O riso, como arma contra a arrogância e a prepotência, também é luta verbal. Ariano escrevia com a faca nos dentes e o riso nos lábios, que eram sua técnica para enfrentar e destruir a desgraça em que vivia o povo brasileiro, combatendo a fome nos sertões e nos Canudos das grandes cidades, como ele chamava as favelas; palavra vinha, aliás, dos campos sangrentos de Antônio Conselheiro, no duro combate entre militares e sertanejos.

O Cristo Negro e a palavra revelada

O que provocou a incompreensão do trabalho de Ariano foi o uso de uma única palavra no Manifesto Armorial: "elite". Ali ele proclamava que, para criar uma arte de elite, era preciso destacar as raízes da cultura popular brasileira; tudo deveria ser feito a partir das insígnias e dos símbolos da arte produzida pelo povo. Um monumento à raça negra é o Cristo Negro do *Auto da Compadecida*. Ariano considerava que nós artistas, com todo o aparato educacional e meios econômicos que temos, formamos uma elite cultural e que, portanto, nada pode ser feito senão a partir do popular, que é o verdadeiro espírito do país.

Repetidas vezes me disse: "O que eu quero é colocar a cultura popular brasileira no centro do debate". Não era apenas folclorismo estéril, mas uma maneira de enfrentar a fome e a miséria com as armas que o próprio povo oferecia e oferece. Nesse sentido, antecipou-se à arte popular nascida nos grandes centros urbanos, embora sob a influência de ritmos estrangeiros, em tudo devendo ao frevo e ao samba, ao forró e ao xote, ao axé baiano. A arte das ruas é o fundamento da arte armorial. É a partir do riso e da galhofa do "papudinho" — expressão popular nordestina para identificar o desempregado marginalizado pela sociedade que chora suas dores nas barracas com cachaça e barriga vazia — que o Movimento Armorial contesta a sociedade conservadora e suas crueldades.

Ocorre que nem sempre a "crítica parnasiana" e triunfante tem olhos para isso. Mantém-se distante do livro, do que está escrito e lido com suas verdades particulares, radicalizadas num sistema crítico que não permite nem admite variantes. O próprio Graciliano teve que manter uma guerra para manter os seus conhecimentos de romance, tanto no plano da linguagem quanto na estrutura, experimentalista que era, revelado por Otto Maria Carpeaux, destacando, inclusive, as fontes do genial alagoano. Ninguém é menos escritor porque não atendeu aos caprichos de Zidanov. Arruda Câmara nunca foi crítico literário...

Sou levado a imaginar uma forte censura política ao Movimento Armorial, visto pelos seus censores como algo burguês, a estampar o sorriso da sociedade. Engano, estúpido engano. O Movimento sempre esteve mais à esquerda do que muita literatura no Brasil, declaradamente militante e engajada. Assim também minha obra, que reúne, significativamente, em cinco romances, a tetralogia *Condenados à vida*, uma crítica corrosiva à tradicional família brasileira a partir do casal Ernesto e Dolores, com estupros à filha e às empregadas, mau-caratismo e injustiça social. Dolores é acusada de matar Ernesto, de encaminhar a filha Biba para a prostituição e de seduzir o filho Mateus, que termina por matá-las, além de tia Guilhermina, vista a princípio, pela família, como uma mulher recatada e conservadora, modelo de funcionária pública, mas para os vizinhos não passa de uma mulher em busca de homens, embora seja amante do sobrinho Mateus.

Ali se estabeleceu a minha luta verbal, seguida de *Tangolomango*, a confissão de amor e entrega entre tia Guilhermina e Mateus, num apêndice à tetralogia. Uma técnica literária corrosiva que agora se volta contra a fome, a miséria, a agressão social, a toda ordem de preconceito, sem necessariamente seguir um partido político, mas sempre à esquerda decidida a combater a injustiça e a dor humanas.

A luta verbal continua

Marcelino Freire é um dos autores, entre os já citados no início deste livro, que está em permanente desafio, realizando sempre a luta verbal. "Muribeca", por exemplo, extraído de sua *Seleta*, é um canto de dor e angústia dos pobres e miseráveis brasileiros. Um *monólogo* interior com linguagem popular, mostrando as condições de quem vive nos lixões das cidades brasileiras. Para a editora José Olympio, "trata-se de um dos escritores mais importantes da atual literatura brasileira, dono de uma obra consistente, inovadora, originalíssima".

MURIBECA

Marcelino Freire

Lixo? Lixo serve pra tudo. A gente encontra a mobília da casa, cadeira pra pôr uns pregos e ajeitar, sentar. Lixo pra poder ter sofá costurado. Cama, colchão. Até televisão.

É a vida da gente o lixão. E porque agora querem tirar ele da gente? O que é que vou dizer pras crianças? Que não tem mais brinquedo? Que acabou o calçado? Que não tem mais história, livro, desenho?

E o meu marido, o que vai fazer? Nada? Como é que ele vai viver sem as garrafas, sem as latas, sem as caixas? Vai perambular pela rua, roubar pra comer?

O que é que eu vou cozinhar agora? Onde vou procurar tomate, alho, cebola? Com que dinheiro vou fazer sopa, vou fazer caldo, vou inventar farofa?

Fale, fale. Explique o que é que a gente vai fazer da vida. O que a gente vai fazer da vida? Não pense que é fácil. Nem remédio pra dor de cabeça eu tenho. Como vou me curar quando me der uma dor no estômago, uma coceira, uma caganeira? Vá, me fale, me diga, me aconselhe. Onde vou encontrar tanto remédio bom? E esparadrapo e band-aid e seringa?

    O povo do governo devia pensar três vezes antes de fazer isso com chefe de família. Vai ver que eles estão de olho nesta merda aqui. Nesse terreno. Vai ver que eles perderam alguma coisa. É. Se perderam a gente acha. A gente cata. A gente encontra. Até bilhete de loteria, lembro, teve gente que achou. Vai ver que é isso, coisa da Caixa Econômica. Vai ver que é isso, descobriram que lixo dá lucro, que pode dar sorte, que é luxo, que lixo tem valor.

    Por exemplo, onde a gente vai morar? Onde a gente vai morar? Aqueles barracos, tudo ali em volta do lixão, quem é que vai levantar? Você, o governador. Não. Esse negócio de prometer casa que a gente não pode pagar é balela, é conversa pra boi morto. Eles jogam a gente é num esgoto. Pra onde vão os coitados dos urubus? A cachorra, o cachorro?

    Você precisa ver. Isso tudo aqui é uma festa. Os meninos, as meninas naquele alvoroço, pulando em cima de arroz, feijão. Ajudando a escolher. A gente já conhece o que é bom de longe, só pela cara do caminhão. Tem uns que vêm direto de supermercado, açougue. Que dia na vida a gente vai conseguir carne tão barata? Bisteca, filé, chã de dentro — O moço tá servido? A moça?

    Os motoristas já conhecem a gente. Tem uns que até guardam com eles a melhor parte. É coisa muito boa, desperdiçada. Tanto povo que compra o que não gasta — roupa nova, véu, grinalda. Minha filha já vestiu um vestido de noiva, até a aliança a gente encontrou aqui, num corpo. É. Vem parar muito homem morto, muito criminoso. A gente já tá acostumado.Quase toda semana o camburão da polícia deixa seu lixo aqui, depositado. Balas, revólver 38. A gente não tem medo, moço. A gente é só ficar calado.

    Agora, o que deu na cabeça desse povo? A gente nunca deu trabalho. A gente não quer nada deles que não esteja aqui jogado, rasgado, atirado. A gente não quer outra coisa senão esse lixão pra viver. Esse lixão pra morrer, ser enterrado. Pra criar os nossos filhos, ensinar o nosso ofício, dar de comer. Pra continuar na graça de Nosso Senhor Jesus Cristo. Não faltar brinquedo, comida, trabalho.

    Não, eles nunca vão tirar a gente deste lixão. Tenho fé em Deus, com a ajuda de Deus, eles nunca vão tirar a gente deste lixo. Eles dizem, que sim, que vão. Mas não acredito. Eles nunca vão conseguir tirar a gente deste paraíso.

Recomenda-se que esse conto seja tomado como exemplo para debates entre alunos e professores. Deve-se pedir aos alunos que gravem vídeos de lixões desse tipo que encontrem em seus bairros ou em suas cidades, ruas e avenidas. Os debates devem ser realizados ao ritmo do slam, do hip-hop ou rap, e até de duelos de violeiros. Em seguida, os vídeos podem ser transformados em textos ou poemas para serem veiculados na internet. Até mesmo com música e dança. O fundamental é trazer a rua para dentro da sala de aula e levar a luta verbal para a rua.

Há muitos outros escritores que travam a luta verbal e que podem ser trabalhados em sala de aula, como os citados abaixo.

Sidney Rocha e a felicidade indiferente

Com seu estilo ao mesmo tempo leve, elegante e violento, de uma violência de quem enfrenta, punhal em punho, computador à mão, o grotesco e o cruel, o escritor Sidney Rocha define numa palavra o comportamento do nosso tempo, este tempo de guerra, doença e estupidez, com o sacrifício de crianças, meninas e meninos, com o insulto das elites: indiferença.

> Tomás é o típico pobretão que odeia pobres. Não venera ninguém. Nem confia em nada. Futebol política amor religião sindicato o casamento desquitadas as vacinas as polícia e os juízes vegetarianismo boxe livros direitos humanos ou dos animais predial o imposto predial a conta da luz o cego da sua rua os aleijados no metrô as grávidas pedindo assento o orgasmo dos gays ou os múltiplos dos leões os mísseis em Cuba a viagem à Lua a doença do macaco verde, ou sobre a tal felicidade:
> "Tudo armação."
> "Tomás, em uma palavra, o que é a felicidade?"
> "A indiferença."
> (Trecho de *Flashes: Romance*. São Paulo: Iluminuras, 2020)

Ronaldo Correia de Brito e os currais dos pobres

O escritor cearense, com formação em Pernambuco, Ronaldo Correia de Brito, um clássico no sentido do rigor estético, escreve certo e bem, esgrime seu facão e mira seu rifle na luta verbal para denunciar a implantação de currais semelhantes a miseráveis campos de concentração, que prendiam os sacrificados retirantes que desfilavam a feiura durante a seca, para nojo e aversão dos ricos. Uma absoluta vergonha escondida por uma literatura que almeja os céus, mas que tem a dor exibida pela luta verbal aos olhos da multidão escandalizada:

> Durante as secas os sertanejos cearenses pobres — o que significava a maioria das pessoas — estavam sujeitos aos mecanismos de contenção nos currais, fossem brancos ou negros.
> [...]
> Dora e os filhos tentaram escapar aos currais, arrepiando caminhos, driblando a vigilância, fugindo ao controle da polícia nas estações de trem, vivendo sob o regime da fome e do medo.
> [...]
> Com a instituição dos currais, a máscara da caridade acobertava o rosto dos cidadãos de bem, aborrecidos com o espetáculo da feiura. Empurravam-se os imigrantes para um novo modelo de cativeiro, moderno e legalizado. Disfarçava-se um sentimento presente na sociedade brasileira até hoje: a aversão dos ricos aos pobres.
> (Trechos de *Dora sem véu*. São Paulo: Companhia das Letras, 2018)

Ney Anderson e o corpo

Autor do livro de contos *O espetáculo da ausência* (São Paulo: Patuá, 2020), o escritor Ney Anderson tem merecido a melhor crítica literária, e por isso está na luta verbal com esse conto cheio de força e de ironia, apesar dos personagens silenciosos ou quase, que se lançam na vertigem de suas palavras, acompanhando o exemplo dos melhores neste tempo de batalha.

O CORPO

Na entrada do restaurante, dividindo espaço com os clientes, estava o corpo do homem. Algumas pessoas o apontavam, outros apenas o olhavam e seguiam o seu rumo. Em frente ao balcão, uma mulher olhava atentamente o cardápio, quase tropeçando no corpo estirado no chão, nem se dando ao trabalho de se afastar um pouco. Deve ter sido o calor que matou este homem, ou foi a desesperança, comentou um dos garçons para o amigo de trabalho que limpava as mesas. Corpo coberto por jornais que ninguém lia. Ninguém sabia quem era. Na parede do estabelecimento um aparelho de TV ligado com o som nas alturas estava conectado no noticiário vespertino.

Nas mesas ocupadas dentro do estabelecimento o assunto variava muito. Quase todos os fregueses discutiam amenidades, com variações sobre insegurança do comércio naquela região, o forte calor nesta época do ano, a compra de presentes para o Natal.

Cadê Papai Noel, aquele filho da puta, que ainda não chegou, perguntou o gerente para os funcionários. Deve estar vindo do Polo Norte, gracejou o outro enxugando o suor da testa.

A vida não pode parar, disse uma velha olhando o corpo enquanto comia seu sanduíche de queijo com suco de laranja.

Perto do meio-dia o carro do IML encostou. Os peritos tiraram algumas fotos de vários ângulos, fizeram perguntas aos funcionários. Muitos não sabiam quem era o morto nem de ouvir falar. Alguns o conheciam com filósofo, escritor, bêbado, vagabundo.

Coloca aí na ficha: indigente. O que não falta nesta cidade é desocupado, disse o delegado.

O corpo foi enfiado num saco plástico: sem nome, sem reza, sem choro, sem comoção, sem solidariedade, sem piedade, sem vela, nem futuro, nem passado. E jogado no rabecão.

Novos clientes chegaram para o almoço.

(Conto inédito do autor Ney Anderson, escrito especialmente para este livro de Raimundo Carrero)

Alberto: Voz do povo brasileiro

Essa luta verbal é também dedicada à memória do grande poeta pernambucano Alberto da Cunha Melo, autor destes belos e heroicos versos:

> *Dizem que meu povo*
> *é alegre e pacífico.*
> *Eu digo que meu povo*
> *é uma grande força insultada.*

O poeta privilegia o homem que reclama respeito, de onde, ele garante, vem a força deste país gigante:

> *Dizem que meu povo*
> *aprendeu com as argilas*
> *e os bons senhores de engenho*
> *a conhecer seu lugar.*
> *Eu digo que o meu povo*
> *deve ser respeitado*
> *como qualquer ânsia desconhecida*
> *da natureza.*

Dessa forma, Alberto da Cunha Melo torna-se, com suas palavras, um poeta essencial, voz do povo, que representa o que existe de mais forte e mais verdadeiro nesta luta verbal.

A PREPARAÇÃO DO ESCRITOR

Este livro é de Marilena.

*E de Rodrigo e Diego,
Adriana e Renata,
Maria Nina e Helena.*

Apresentação
Longa jornada em busca do aprendizado
Raimundo Carrero

Este livro foi escrito para aprendizes de escritor e, quem sabe, para escritores, que pretendem se aperfeiçoar na arte de escrever narrativas — romance, novela, conto. Daí porque, desde o princípio, são apresentadas aulas indicando a maneira como é possível escrever um texto a partir dos clássicos, com interferências do estudioso.

Por exemplo, toma-se um texto de Joyce — em O retrato do artista quando jovem *— e o aluno começa a trabalhar com novas frases, novas palavras, até que tenha escrito o próprio texto. Aprender com Joyce é estimulante. Mas não é apenas com ele: envolve também Lawrence Durrel e Gerard de Nerval, por exemplo.*

À maneira que se aprende a escrever com os clássicos, demonstra-se como é possível fazer novas abordagens, de maneira que se possa atingir a originalidade. Este processo, que vai se desenvolvendo, pouco a pouco, leva o autor a sofisticar sem perder a simplicidade — fundamental para seduzir o leitor.

Em seguida, são desenvolvidos estudos de construção de cenas e de cenários, mostrando-se que o escritor, com pleno domínio de suas técnicas, pode trabalhar com a duração psicológica do leitor, avançando ou retardando a narrativa. Lembrando sempre: as cenas dão velocidade ao texto — ou à leitura —, enquanto os cenários, pela beleza e pelo fulgor, retardam os movimentos internos da obra.

Retardam, isso sim, de maneira estratégica. Ou seja, indicam os caminhos da história ou do enredo, trabalhando a mente do leitor, sempre ávido de novidades e, sem esquecer, todavia, que todo leitor é ingênuo. Pelo natural: ele precisa ser ingênuo, precisa ser seduzido, precisa ser surpreendido. Mas escritor é estratégico, cada um a seu modo.

Muitas vezes o leitor não percebe — em geral, não percebe mesmo — mas está sendo conduzido passo a passo. Veja assim, num exemplo bem simples e linear: "Mário foi ao cinema numa noite chuvosa e que exigia muitos cuidados, bastava olhar o homem parado na esquina, apenas com um pulôver e os braços cuidados. Enquanto caminhava, Mário procurava se proteger. À distância, um carro cortou o farol." É possível que o narrador esteja sendo preparando alguma surpresa — as surpresas são ótimas.

Então, cena é movimento. Cena: Personagem + ação + sequência.

O autor, estrategicamente, começa a descrever a noite — isto é cenário. Na próxima cena, escreve: "A chuva ficou intensa. A água já corria no meio-fio e não era difícil lembrar os barquinhos de papel da infância. Todas janelas fechadas e apenas os apartamentos com luzes. Sobretudo aqueles mais altos, onde poderia perceber, ou imaginar, a silhueta de possíveis pessoas em conversas. Trovões, relâmpagos, ventos".

Bem, o narrador pode continuar falando do cenário que, como se percebe, é estático. Na próxima cena, escreve: "Já sentado na poltrona, Mário queria tanto acender um cigarro. Mas era proibido. Não só porque era um cinema — era proibido fumar em qualquer ambiente. A fita estava começando". E onde está o desconhecido? Ele era uma ameaça? Não era uma ameaça? Sim, e por que sumiu? Não seria um erro narrativo colocar um personagem em cena e depois esquecê-lo? Na verdade, o leitor foi seduzido para o encontro de Mário com ele. E foi enganado pelo cenário. Estático, o cenário deixou Mário passar sem que o leitor percebesse. Por quê? Porque ele embeleza a narrativa, engana, mas não atua de forma prática.

É preciso nunca esquecer o ensinamento de Tchecov: se o narrador coloca uma corda na parede, ela tem que ter alguma função, nem que seja para enforcar o narrador. Também é claro que muita gente discorda disso. Compreendo. Um cenário, todavia, tem que ter uma

funcionalidade, mesmo para esconder a ação. Lembrando, ainda, que há vários tipos de cenários, um deles por comentário ou digressão.
Machado de Assis cria um ótimo exemplo de sedução por comentário. Quando Capitu, no capítulo 138, de Dom Casmurro afirma que Bentinho não é seu filho e antes dela fazer qualquer exigência, o narrador fala com o leitor, eliminando toda a possibilidade de uma testemunha poder ajudar na delicada situação. Ou seja, Bentinho deveria estar conversando — ou brigando — com Capitu, mas recorre ao leitor ingênuo, para surpreendê-lo:

> Grande foi a estupefação de Capitu, e não menos indignação que lhe sucedeu, tão naturais ambas quem fariam duvidar as primeiras testemunhas de visto do nosso foro. Já ouvi que as há para vários casos, questão de preço; eu não creio, tanto mais que a pessoa que me contou isto acabava de perder uma demanda. Mas, haja ou não testemunhas alugadas, a minha era verdadeira; a própria natureza jurava por si,, e eu não queria duvidar dela.

Aqui encontramos o núcleo narrativo do romance: Bentinho diz ao leitor — e não a Capitu — que não adianta recorrer a testemunhas, duvidosas. E principalmente: ele não quer duvidar da natureza, sua principal testemunha. Capitu é que não sabe disso. Jamais saberá. Portanto, é um comentário, um comentário feito ao leitor para levá-lo a acreditar na traição de Capitu. Esta técnica tanto pode ser feita através do comentário como pela digressão. No comentário o narrador não se ausenta do objeto narrativo. No caso, Capitu. Na digressão, um narrador vai se afastando do objeto e leva-o para outros caminhos.
E o escritor é apenas técnica? Em absoluto, ele precisa sempre escrever o que deseja, tudo o que quer, que se chama materializar as ideias, e só depois disso recorrer às técnicas. Que podem ser aquelas que chamei de técnicas intuitivas. Os escritores consagrados quase sempre fazem isso. E um ponto a mais, definitivo: só pode ser escritor, o bom leitor. Sem leitura. E muitas leituras, impossível.
E a intuição? Existe intuição? E como atua?

Todos nós sabemos que há algo de espiritual no artista — ainda quando negam. Não tem problema. Com ou sem espírito — acredito sinceramente no Espírito Santo — a obra de arte ficcional é também orientada pela intuição que, em outra instância, orienta e harmoniza a obra. Sem dúvida alguma. Com certeza. É mesmo a partir da intuição que o escritor encontra suas técnicas. Até as chamadas técnicas intuitivas, que vão surgir ao longo do romance. Sobretudo por um detalhe fundamental: as técnicas não são regras. Não existem regras para a criação. As técnicas ajudam. E como ajudam.

Recife (Rosarinho), julho de 2009

Primeira Aula
O NARRADOR

É natural que o leitor confunda, quase sempre, o narrador com o autor. E — muito mais ainda — é natural que o autor se confunda com o narrador. Às vezes nem conhece mesmo a diferença. Ou, se conhece, não admite. Acredita-se narrador, envolve-se, joga-se no texto que é seu apenas na aparência, interfere.

Mas há uma verdade absoluta: narrador não é autor. Autor não é narrador.

Por isso o autor precisa conhecer as diversas faces do narrador ou dos narradores para que possa trabalhar conscientemente. A intuição ajuda, sem dúvida, mas nem tanto. Precisa de técnica.

Não é complicado. Observe.

O autor é aquele que tem a ideia e recorre ao narrador — mesmo que seja um narrador inominado — para contar — e, o que é óbvio, para narrar — que movimenta o que pensa, o que cria. Mesmo que, em algum instante, pareça falar de suas experiências de autor; mesmo assim, e ainda assim, o narrador é que conta; foi criado para isso. É gesto espontâneo. Mais simples ainda: o autor é a ideia; o narrador; a prática. Só em casos muito especiais o narrador tem o mesmo ponto de vista — outro momento decisivo — do autor.

Simples, assim: o autor escreve, o narrador conta.

Quem é o autor de *Grande Sertão — Veredas*? João Guimarães Rosa, não é mesmo? Mas quem narra a história? Riobaldo. João Guimarães Rosa é Riobaldo? Não, Riobaldo é o narrador. E pronto. Quem é o autor de *A Pedra do Reino*? Ariano Suassuna, com certeza.

Mas quem narra, Ariano Suassuna? Não, Quaderna. Então, os dois são grandes escritores, mas não narradores.

Portanto, o início, o princípio de toda escrita de criação literária: o narrador.

1. O narrador pede a palavra

Dessa forma, um esquema que facilita, na verdade, o trabalho: o autor pensa o texto mas precisa de um personagem — ou mais de um — que possa desenvolvê-lo, primeiro contando uma história rasa e linear, numa espécie de esboço ou de argumento, recorrendo, em seguida, às estratégias e táticas. E o autor pode, entre outras coisas, fazer rascunhos, anotações, montagens. E aí decide por um narrador, ou vários narradores, para contar a história.

O narrador é o personagem mais importante, aquele que vai tornar concreto o que até aquele momento era abstrato. Isso é um dos fundamentos da obra de criação literária. De forma que o autor deve estar preparado — e muito bem preparado — para obter o máximo de resultados técnicos diante que uma história que parece espontânea. E que deve chegar mesmo ao leitor com o máximo de espontaneidade.

Uma constatação definitiva: o narrador deve usar o máximo de sofisticação para chegar ao leitor com o máximo de simplicidade.

Para começo de conversa vamos observar *A hora da estrela*, de Clarice Lispector, um verdadeiro manual de criação literária. Manual de criador para criador. De quem inventa para quem precisa inventar. Não se preocupe com os manuais clássicos, eles devem servir de base, de conhecimento, de domínio, mas só o criador está preparado para ajudar, para ensinar, a outro criador.

Os estudos vão alimentar sua capacidade inventiva, mas a criação é obra individual e particular. É preciso, portanto, dominar as ferramentas para depois dar o salto, a transcendência que transforma o ofício — os estudos, o aprendizado, a determinação

— em arte. Os pintores são mestres nisso: primeiro fazem estudos individuais detalhados de mãos, de rostos, de bustos, depois recorrem aos modelos e, só mais tarde, enfim, à obra.

Quando uma melodia chega aos seus ouvidos passou por toda uma série de movimentos, desde o instante em que é feita a primeira partitura, naquilo que chamo de Impulso — ou Primeiro Impulso, conforme os criadores da genética da criação —, passando pela Intuição — mudanças ligeiras nos primeiros momentos, e só mais tarde alcançando a finalização —, através da Técnica e da Pulsação Narrativa.

Clarice escreveu um romance, digamos, para ensinar a arte de escrever romance porque era uma romancista, mas poderia recorrer ao ensaio. Conhecia os segredos, o sacrifício que é encontrar uma boa técnica, que também é sempre diferente de uma para outra pessoa. Tudo isso porque também, de uma forma ou de outra, misteriosamente, precisava passar seus segredos para outros escritores. Ela acreditava nestas palavras muito fortes de Autran Dourado:

> Só aceite opinião de quem sabe fazer bem e já fez um bom texto literário. O resto mais é palpite de quem desconhece o assunto. Não lhe dê ouvidos, e sobretudo só leia bons e competentes autores que sabem e já mostraram como se escreve bem, os chamados donos da palavra escrita como aquele que "imperador foi da língua portuguesa", que era como o poeta Fernando Pessoa o chamou, o padre Antônio Vieira.
> (*Breve manual de estilo e romance*, Belo Horizonte: Editora UFMG, 2003, p. 8.)

Agora é preciso definir de forma direta e esclarecedora. Objetiva. Autor é narrador? Não. Quem explica melhor? Clarice Lispector, com a autoridade "de quem saber fazer bem".

Ela ensina:

> A História — determino com falso livre-arbítrio — vai ter uns sete personagens e eu sou um dos mais importantes, é claro. Eu, Rodrigo S.M.
> (*A hora da estrela*, Rio de Janeiro: Rocco, 1998, pp. 12-3.)

Pronto, sem questionamento ou dúvida: o narrador não é Clarice Lispector; o narrador é Rodrigo S.M. Clarice é a autora. Só mais uma vez: o narrador é o principal personagem do autor. Veja isso sempre com muita atenção — Rodrigo é o representante de Clarice, mas não é Clarice. É a voz, a escrita da autora. Não é ela, todavia. E para que Rodrigo exista e tenha um ponto de vista, ele próprio acrescenta:

> "Relato antigo, este, pois não quero ser modernoso e inventar modismos à guisa de originalidade."
> (*A hora da estrela*, op. cit., p. 13.)

2. Intimidade autor e narrador

O narrador e o seu papel na narrativa. Rodrigo não é Clarice, é "um dos mais importantes" personagens da história. Claro, absolutamente claro. É um personagem — embora não participe da escrita intrigando, movendo-se, festejando —, chama-se Rodrigo e tem um ponto de vista definido: "não quer ser modernoso e inventar modismos à guisa de origi-nalidade". Está bem? Não é assim?

Isto existe também na intimidade do autor. E, por isso, ele pede ao narrador que, embora saiba tudo, deve esconder — não contar, e deixar que o leitor descubra depois, no desenvolvimento do texto, na estratégia narrativa. Tudo depende de como será estruturado.

Está vendo como é simples? Mas há quem sofistique ainda mais um pouco, só para conseguir maiores efeitos narrativos, seduzindo e encantando, conduzindo o leitor pelos olhos, isto é, pela primeira leitura, sempre perigosa e enganosa. Vamos mais um pouco.

Então fica assim: quem escreve *A hora da estrela* é Clarice Lispector, a autora, mas quem narra é Rodrigo, o narrador. Concorda? Uma passagem bem sutil, meio enigmática, mas verdadeira. Por isso ela mesma, a autora, se dá ao luxo de ser brincalhona, estratégica, irônica, viva. Brinca até com uma marca de refrigerantes, em que era viciada.

Mais uma vez: Clarice pensa, Rodrigo escreve. Está bem assim? Inverte a voz narrativa: na maioria das vezes é feminina — a própria Clarice —, outras vezes é masculina — Rodrigo. E se dá ao luxo de fazer isso sempre porque usa a artimanha de contar a história, ou a técnica da história, através de um homem que, muitas vezes, usa a voz de mulher. Uma técnica sofisticadíssima. Tão bem cuidada que parece simples.

É simples, sim, quando chega ao leitor. No entanto, custa muito trabalho criá-la. Há muitas anotações desse texto publicadas. Confira.

Para efeito de classificação e estudo: Clarice Lispector usa o narrador onisciente comentarista e, às vezes, o narrador onisciente digressivo. Tudo num só tom, num só andamento e num ritmo. E com uma expressão de eloquente funcionalidade, marcada, porém, pela simplicidade. Muitas vezes o narrador diz: "Esqueci de dizer". Algo que parece ter um afeto profundamente feminino e belo. Simples, muito simples. Uma artimanha, uma técnica. Então o narrador esquece de dizer?

Atenção: não é que a voz masculina não possa afirmar "esqueci de dizer". Claro que não. Não estou me apegando a fatos sociais: homens e mulheres são seres componentes da sociedade. Nenhuma dúvida quanto a isso. Nenhuma mesmo. Estou me referindo à técnica, ao tratamento de personagens. Ao encontro das vozes narrativas que formam o tecido literário da prosa. Borges lembra, em um dos seus prefácios, que o narrador deve fingir que não conhece o destino da história.

Agora passo adiante.

3. Dois narradores num só personagem

Muitas vezes, o autor prefere recorrer a mais de um narrador. Aí entra a técnica. É sofisticação pura. Jogo de habilidade. Sutileza. Surgem, então, várias vozes narrativas, que podem — e devem — aparecer no texto, sem que necessariamente sejam complicadas e difíceis. A simpli-cidade causa sempre leveza no leitor. Ele é conquistado, seduzido pela maravilha do texto. Em tese: nem precisa mesmo saber o que está acontecendo. A técnica precisa atraí-lo, para que faça uma leitura fácil. Mas as estratégias do narrador são suficientes para enredá-lo. E ele nem sabe disso.

Machado de Assis foi ainda mais sofisticado e ainda mais sutil, de uma tão grande habilidade que levou Fernando Sabino a descobrir e escrever sobre os narradores de *Dom Casmurro*, num ótimo livro que se chama *O amor de Capitu: Leitura fiel do romance de Machado de Assis sem o narrador Dom Casmurro*. Muita gente acredita que há um só narrador no romance. Equívoco monumental. Absoluta sofisticação técnica do bruxo do Cosme Velho. Por isso mesmo, bruxo. Sabino retirou o narrador onisciente — Dom Casmurro — e a história passou a ser contada pelo narrador oculto — Bentinho. Ele explica:

> O que sempre me excitou a curiosidade desde a primeira leitura e mais de uma releitura da obra foi descobrir até que ponto a dúvida teria sido premeditada pelo autor, através de um narrador evasivo, inseguro, ingênuo, preconceituoso e casmurro como o apelido que assumiu por si mesmo.
> (*O amor de Capitu*, São Paulo: Ática, 2004, p. 8.)

Curioso, não é? "Premeditada pelo autor, através de um narrador". Então mais um reforço: autor não é narrador. Autor premedita, narrador conta. E continua:

> Daí a minha experiência de eliminar o narrador onisciente como intermediário entre os fatos por ele vividos e o público leitor.
> (*O amor de Capitu*, op. cit., p. 9.)

Agora: Fernando Sabino, de propósito, retira o narrador onisciente, aquele Dom Casmurro digressivo, mas não diz quem o substitui. Ora, preferindo alguém que fosse objetivo, o narrador oculto, quem narra a história? Bento Santiago, é claro. Portanto, dois narradores. Numa boa.

Observem que Sabino, na sua versão, substitui o título — outro assunto a merecer muito cuidado e perícia. Sai *Dom Casmurro*, entra *O amor de Capitu*. O título aí é outra estratégia do narrador de Machado de Assis. Desvia a atenção. Não vai ser contada a história de Dom Casmurro — que, aliás, desaparece fisicamente do texto —, mas a história de Capitu. Então o leitor entra no romance acreditando que Dom Casmurro vai contar a sua história. Pura estratégia. Está sendo contada a história de Capitu, e através de dois narradores. Sabino procurou tirar a dúvida, mas nem tanto, com um título objetivo que denuncia o adultério de Capitu. Nesse caso, o amor de Capitu seria Escobar. Mas também aí é preciso ter cuidado: o autor de *Encontro marcado* conhecia o caminho das pedras.

Não é por acaso que o autor Machado de Assis, por exemplo, cria Dom Casmurro, que parece ser o único narrador do romance famoso. No entanto, Dom Casmurro é o narrador onisciente, escondido, comentarista e digressivo. Em primeiro plano da narrativa na verdade está Bentinho, o narrador oculto, criado para acusar Capitu. Daí porque Bentinho escreve uma versão da história e não a história. Ou seja, conta a versão de Bentinho sem dar chances de defesa a Capitu.

Observando melhor: Machado cria um personagem, Dom Casmurro, que dá título ao livro, e aparece, fisicamente, apenas nos dois primeiros capítulos, e no capítulo 145, cedendo espaço a Bentinho a partir do capítulo 3. Mas a impressão geral é de que os dois são um só. Engano, puro engano. O autor criou um personagem que trabalha o ponto de vista da obra: a possível traição de Capitu. Ele é Bentinho. Não há dúvida. E o outro, Dom Casmurro, onisciente, cuja estratégia principal é desviar o leitor, levando-o para um abismo narrativo, seduzindo-o através de crônicas, de comentários e de digressões.

Com mais clareza: o ponto de vista dos dois narradores é um só: acusar Capitu. A técnica narrativa, porém, está dividida em dois momentos: o narrador que acusa, Bentinho, oculto, e o narrador que comenta, Dom Casmurro, onisciente. Parece algo mais ou menos assim: um acusa, outro distrai. Ou, ainda mais simples, um conta, o outro desvia a atenção do leitor.

Mas o que é ponto de vista?

Pode ser que haja apenas um personagem, mas dois narradores. Não é assim? Ponto de vista é a opinião do personagem através da sua estrutura psicológica, do seu comportamento, de sua maneira de agir. Há quem confunda ponto de vista com foco narrativo. Foco narrativo é a pessoa gramatical, aquela escolhida pelo narrador: primeira, segunda ou terceira pessoas. Lembre-se, no entanto, de que existem mais pessoas narrativas embora não reconhecidas na gramática.

Primeira pessoa: Ficcional, Confessional e Alter Ego; Terceira pessoa: Ficcional, Confessional e Alter Ego; Segunda pessoa: Narrador fala com outro personagem, e narrador fala com o leitor. Clarice usa a segunda pessoa do plural: vós.

Personagem de criação indireta

Mas há ainda um dado importante, ou importantíssimo, que se deve acrescentar. Capitu é uma Personagem de Criação Indireta. Ou seja, dá a impressão de que é criação do narrador, mas não é. Ela só existe na mente de Bentinho, embora tenha dado a entender que fora criação de José Dias, no Terceiro Capítulo do livro. Mas não. Ela passa a ser domínio absoluto de Bentinho, que a imagina, que a cria, que a enreda. Saindo da mente de Bentinho, ela poderá ter os atributos e os defeitos que ele estabelece.

Ou seja: Ela existe de acordo com o ponto de vista de Bentinho. E nada mais. Somente. Mesmo no capítulo 3, quando ouvimos falar dela pela primeira vez, é criação de Bentinho, que só escuta o que quer. E se também aquela conversa for uma criação dele? Só existiu para ele? É um caminho seguro para a sedução do leitor.

4. Personagem que cria personagem

A estratégia narrativa de *Dom Casmurro* tem um ponto de vista definitivo: Capitu traiu Bentinho. Ou não? E só. Sem equívocos. Na estratégia narrativa, ora parece que sim, ora parece que não, mas isso não se discute. Ao leitor, resta a dúvida; ao analista o problema deve ser técnico. E por isso impressiona tanto. É um problema de técnica e não de enredo. E por quê? Porque Machado de Assis não escreve um romance, mas uma versão do romance — na verdade, uma versão da peça de teatro de Shakespeare. Uma versão da história.

Acompanhe: *Dom Casmurro* é uma versão do *Otelo*, de Shakespeare, de acordo com o ponto de vista de Iago, que é o personagem intrigante da peça. Machado entra por esse viés e reconta a história clássica conforme o ponto de vista de Santiago — ou Sant-Iago —, com a função de intrigar o leitor.

> Machado de Assis tece a narrativa de *Dom Casmurro* a partir de uma invenção de sua imaginação: o protagonista, Bento Santiago, um senhor de cinquenta e sete anos, vivendo em reclusão em um subúrbio do Rio de Janeiro. Santiago chama a si mesmo "Otelo", mas sua franqueza desembaraçada, calma imparcialidade e raciocínio assemelham-se mais propriamente ao estilo dissimulado no "honesto Iago" que ao do apaixonado Otelo.
> (Helen Caldwell, *O Otelo brasileiro de Machado de Assis*, São Paulo: Ateliê Literário, 2002, p. 20.)

Só uma lembrança: "Machado de Assis tece a narrativa de *Dom Casmurro* a partir de uma invenção de sua imaginação: o protagonista, Bento Santiago..." que é o personagem. Machado é o autor, mas o narrador é Bento Santiago — ainda que na verdade existam dois narradores — que são "os personagens: Bentinho e

Dom Casmurro". Os três escritores — Clarice Lispector, Fernando Sabino e Helen Caldwell — concordam, com clareza absoluta, que autor não é narrador. O narrador é primeira criação do autor para contar a história.

Na peça, Iago atormenta a vida de Otelo e de Desdêmona; no romance, Bento Santiago, Sant-Iago, atormenta a nossa vida de pobres e mortais leitores. Não é mesmo? Não perde o caráter intrigante. Examinando com mais acalma: na peça de Shakeaspeare, Iago enreda Otelo com as intrigas, acusando Desdêmona de traição; em *Dom Casmurro*, Santiago atormenta os leitores, que devem ser convencidos ou não da traição de Capitu. Os dois são extraordinários intrigantes.

Técnica, puramente técnica.

Então, aquilo que seria um romance passa a ser uma versão do romance, com a natural autonomia e força.

Como se Otelo — Dom Casmurro e Bentinho —, magoado e triste, contasse a história do ponto de vista de Iago.

A primeira grande estratégia dos narradores, conforme determinação de Machado de Assis, o autor. Ou seja: como se a história fosse narrada por Bentinho — Otelo —, segundo a opinião de Santiago — o próprio Bentinho —, os dois personagens metidos num só e com um só ponto de vista. Bentinho é Otelo e é Iago — o primeiro por ser a pretensa vítima do adultério e o outro agindo como intrigante. Para causar ainda mais sedução no leitor, Machado deu aos dois — que na verdade aparecem como um só — um único ponto de vista com a mesma função narrativa, embora com estratégias diferentes, o que tem gerado muitas interpretações. Tudo sob o comando de Dom Casmurro, que, no entanto, sequer aparece no livro. Fisicamente. Ele some a partir do capítulo 3 para reaparecer no capítulo 145, quando o romance já está terminando.

Ali, Bento Santiago recebe a visita de Ezequiel, que lhe parece filho de Capitu e de Escobar, mas não está disposto a encontrá-lo. Depois de muita relutância decide-se, afinal, mas com uma advertência: não era apenas Bento, era também Dom Casmurro: o velho calado, irônico e chato.

> Quando saí do quarto, tomei ares de pai, um pai entre manso e crespo, metade Dom Casmurro.
> (*Dom Casmurro*, São Paulo: Martin Claret, s.d., p. 266.)

Definitivo: os próprios narradores concordam, por meio da técnica, que são dois — ou seja, têm estratégias diferentes. Revela-se, nesse momento, a atuação de dois narradores: um "metade Dom Casmurro", e a outra metade, quem é? Bento Santiago.

Lembrando: Dom Casmurro narra os capítulos 1 e 2, quando fala da casa de Matacavalos, com mais uma estratégia: ele anuncia a intenção de escrever o livro, faz uma pausa para explicar os "motivos que me põem a pena na mão" e descreve a casa de Matacavalos, que passa, na verdade, a ser a grande metáfora do romance, embora o principal da história não tivesse ocorrido ali. Ele próprio revela no final do capítulo 2, quando se dá a passagem para a voz de Bentinho:

> Eia, comecemos a evocação por uma célebre tarde de novembro, que nunca me esqueceu. Tive outras muitas, melhores e piores, mas aquela nunca se me apagou do espírito. É o que vais entender, lendo.
> (*Dom Casmurro*, op. cit., p. 266.)

Ocorre aí uma forte mudança de voz narrativa: sai Dom Casmurro e entra Bentinho. Extremada sutileza, com um toque de gênio: Bentinho assume a narrativa com objetividade e depois vem Dom Casmurro completamente subjetivo, dando a entender que é o mesmo narrador e não é. Bento é o narrador oculto, físico, que participa da trama, Dom Casmurro é o narrador onisciente, que desaparece do texto, para apenas usar comentários e digressões, onisciente. Não há uma só cena em que Dom Casmurro esteja presente, a não ser no citado capítulo 145. Por isso alguns críticos de Machado não veem função narrativa nos dois primeiros capítulos.

Estratégia notável de narrador, que lhe é concedida pelo autor. Mais uma vez: autor não é narrador, narrador não é autor.

Numa palavra: o narrador é o grande personagem do autor, o ponto de vista é a essência do narrador e, como o ponto de vista do narrador não coincide com o ponto de vista do autor, o narrador não é o autor.

5. Narrativa em falso ângulo aberto

Machado de Assis carrega toda sua capacidade criadora em Bentinho, antes chamado de Dom Casmurro, e é até mesmo confundido com ele, mas criando para Bentinho uma dupla personalidade — de vítima e de intrigante —, portanto não apenas Bentinho Santiago, mas Bentinho e Santiago, vindos claramente de Otelo e Iago, desenvolvendo-o ainda em Dom Casmurro; ou seja, Bentinho é Santiago e é Dom Casmurro, e o Dom Casmurro com função narrativa: o narrador onisciente, digressivo e comentarista, subjetivo, e o outro de narrador oculto, objetivo e acusador, conforme a necessidade do texto.

A narrativa, dessa forma, está em falso ângulo aberto, porque parece escrita em ângulo fechado, por um único narrador, com a participação do narrador duplo, cheio de sinuosidades e de simulações, recorrendo ora ao narrador onisciente, digressivo, ora ao narrador oculto, ora ao narrador comentarista, acumulando técnicas que atraem ou afastam o leitor da intriga, de acordo com a necessidade.

O tempo todo pede a cumplicidade do leitor para tramas e artimanhas que vai criando no tecido interno do texto. Daí porque o narrador duplo — com várias funções e diversos efeitos — é um narrador astuto, cuja função principal é confundir o leitor nas suas armadilhas. Conduzirá a narrativa sempre como quem dispõe de uma câmara para aproximar ou distanciar o texto dos olhos do leitor, de forma a provocar os efeitos que deseja.

Tarefa de narrador com as prerrogativas que lhe concede o autor. Um pensa, e o outro realiza o texto. Sempre e sempre. Isso será estudado durante os capítulos que trabalham com o tempo psicológico do leitor. Assunto que preocupava muito Edgar Allan Poe, Proust, ou os estudiosos mais recentes, por exemplo, Mario Vargas Llosa.

6. A interferência do narrador múltiplo

Não haveria ainda, além do narrador oculto e do narrador onisciente, os dois transformados num único narrador, o narrador duplo, o caso de mais um narrador?

Sim. Chama-se narrador múltiplo e aparece em várias obras.

É o caso de *As velhas*, de Adonias Filho, por exemplo, ou de *Essa terra*, de Antônio Torres.

As velhas é narrado segundo o ponto de vista de quatro mulheres — Tari Januária, Zefa Cinco, Zonga e Lina de Todos — de maneira indireta — ou seja, pela voz do narrador oculto que assume o ponto de vista de cada uma, na terceira pessoa, mas a voz delas próprias — de maneira indireta — vai costurando, na primeira pessoa, o vasto tecido narrativo, e mais uma outra voz que se entrecruza com as demais, também em primeira pessoa, a voz de Pedro Cobra, o quinto narrador. Há, ainda, um sexto narrador, o narrador oculto que abre e fecha a história e rege a narrativa interior na abertura ou não dos capítulos ou apenas na condução da história. Ele é responsável pela disciplina interna, com notável senso de organização. Uma espécie de maestro — ao mesmo tempo compositor — que rege todas as vozes.

Sem a sutileza imensa de Machado de Assis, que entrecruza as vozes com a habilidade do silêncio na passagem de um narrador para outro, Adonias lança mão de dois pontos ou de aspas para anunciar ao leitor a passagem de um narrador a outro. Mesmo assim há sofisticação, é preciso que se diga. Em várias ocasiões ele usa a técnica do olhar do personagem para fazer outro narrador aparecer com sua voz própria.

Só um momento. O que é olhar do personagem?

Perceba: um personagem chama — ou constrói — o outro personagem para o texto usando o olhar. Lança o olho na direção do outro e ele começa a se mover através de uma cena, de uma fala. Por exemplo: perceba agora o que está escrito no parágrafo final do narrador oculto:

> A rede, o rifle entre os braços, os olhos abertos. A velha de tal modo ali está, dentro do seu olhar sem sono, que parece a própria Tari Januária em pessoa. Permanece assim, deitado e imóvel, vendo a velha como a via todos os dias.
> (Adonias Filho, *As velhas*, Rio de Janeiro: Bertrand Brasil, 2004, p. 10.)

Na página seguinte, o narrador oculto continua contando a história, agora sob o ponto de vista da própria Tari Januária, com o perfil físico. Ou seja, ele faz entrar a personagem através do olhar. E ele se apresenta pela voz indireta, em terceira pessoa, já na abertura do capítulo que o olho dele vê:

> Olhinhos vivos de saguim nas pálpebras inchadas, o coque dos cabelos acinzentados atado atrás pelo cipó-imbê, pele enrugada que o sol curtira, lábios murchos sobre as gengivas sem dentes. O rosto redondo, acobreado, da índia pataxó. Baixinha, quase nanica, mãos miúdas, pernas secas, graveto é o corpo.
> (Adonias Filho, op. cit., p. 11.)

Chama-se perfil físico porque tem como função congelar a imagem da mulher. Não há oscilação, não existe movimento, porque o importante aqui é parar a narrativa e entregar a personagem ao leitor, seguido de um perfil físico-psicológico.

> Sentada sempre no banquinho de três pés a mover os bilros e a mascar fumo que de falar tão pouco parece muda.No inverno, quando a chuvarada traz o vento e o frio, embrulha-se na pele

de carneiro. E, sempre sentada, ordena a quem está perto que traga o fogo.
(Adonias Filho, op. cit., p. 11.)

O perfil físico é descongelado porque há, no texto — e portanto no olhar do narrador — os primeiro traços psicológicos que começam a mover a personagem. Aparece o perfil físico-psicológico um tanto rígido porque define o seu comportamento: "Sempre sentada no banquinho de três pés..." e a "mascar o fumo que de falar tão pouco parece muda".

Dessa forma, o olhar do narrador constrói outro personagem, que ocupa o texto por meio de técnicas bem elaboradas. Qualquer leitor lê com facilidade, mas a sofisticação não deixou de acontecer, com as técnicas dos perfis.

Confuso? Não, não é confuso. Cada uma das partes vem destacada, de forma que se realiza, mais uma vez, o ideal da obra de arte: o máximo de sofisticação para chegar ao leitor com o máximo de simplicidade.

Em seguida, o narrador oculto estrutura o perfil psicológico da mulher, já agora por meio de uma justaposição de imagens: a de um animal unida à própria personagem:

> A gata velha, encolhida como uma índia metida em pote de defunto, dali se levanta para sentar-se no batente da porta à noitinha ou deitar-se no couro de boi, estendido no chão. Lentidão de preguiça no olhar, pés descalços, Tari Januária parece cansada.
> (Adonias Filho, op. cit., p. 11.)

São três, enfim, os perfis: físico, físico-psicológico e psicológico, assim como são quatro os tipos de narradores: oculto, onisciente, duplo e múltiplo.

O que interessa destacar é que os autores concedem autonomia aos narradores que montam as estratégias que vão dar um maior ou menor grau de sofisticação ao texto, de forma que ele possa chegar ao leitor com o máximo de simplicidade.

Depois das anotações, dos primeiros rascunhos, com ajuda de materiais que tiver às mãos, o escritor precisa escolher o seu narrador, encontrá-lo, o que somente deve ser feito posteriormente. Ou os narradores. Os autores modernos recorrem muito aos dois tipos mais comuns: oculto e onisciente.

Não tenha pressa, nunca tenha pressa: uma obra de arte se faz com paciência e habilidade. O lançamento de um livro é resultado do amadurecimento interior. Sem a pressa que estraga o verso, dizem os poetas. E leia poesia, muita poesia, porque o ficcionista precisa dominar a frase, como o poeta domina o verso.

Exercício

Procure contar uma breve história através de um narrador na primeira pessoa e depois na terceira. Invente um personagem-narrador e lhe dê um nome. Depois pense no narrador inominado.

Boa sorte.

Segunda Aula
SOFISTICAR PARA SIMPLIFICAR

É preciso repetir, repetir, repetir: o escritor deve realizar no texto literário o máximo de sofisticação literária para alcançar o máximo de simplicidade. Isso mesmo. Escrever com muito esforço para ser lido com a facilidade de quem bebe água. A nossa tarefa é seduzir. Fazer o leitor sentir-se amado para nos amar. Vejamos os casos de *Doutor Fausto*, de Thomas Mann, *Madame Bovary*, de Flaubert, e de *Dom Casmurro*, de Machado de Assis, ou de *Silvia*, de Gérard de Nerval. Livros que podem ser lidos com satisfação num preguiçoso fim de semana lento — com exceção do volumoso *Doutor Fausto* — e que, no entanto, acumulam um nível de técnicas e de elaboração literária que entusiasmam. E o leitor não é obrigado a torcer o pescoço.

Se você quer ser escritor mesmo, comece lendo *A hora da estrela*, de Clarice Lispector. Veja que coisa boa ela diz ali:

> Que ninguém se engane, só consigo a simplicidade através de muito trabalho.
> (*A hora da estrela*, op. cit., p. 15.)

Em primeiro lugar substitua a Inspiração pela Eclosão. Você acumulou observações e experiências, vai trabalhar com anotações e recortes de jornais, filmes, poemas, obras de arte, e só depois é chegada a hora de começar. Sem romantismo. Um escritor não se inspira, eclode — sai da casca, amadurece. Por isso, o primeiro momento deve ser ocupado pelo Impulso — a vontade irresistível de escrever. E escreva, escreva sempre e escreva muito. Mesmo na fase das primeiras anotações. Como dizia Guimarães Rosa, sem:

Limitações, tabiques, preconceitos, a respeito de normas, modas, tendências, escolas literárias, doutrinas, conceitos, atualidades e tradições — no tempo e no espaço.
(*Sagarana*, Rio de Janeiro: Nova Fronteira, 2001, p. 4.)

Depois de tudo isso vem a Intuição. Quando você começa a desconfiar que pode mexer um pouco ali, um pouco acolá; numa palavra, num ponto, numa frase, num parágrafo. Na Intuição entram as suas observações e experiências de leitor, de alguém que conhece palavras, frases, parágrafos, cenas, cenários etc. Que já leu críticas, resenhas, ensaios. Aí mexe e remexe. Inquieta-se. Então precisa dominar a criação. A criação também se domina. E a criação também tem didática. Sem disciplina não se consegue ir muito longe. Passada a fase das anotações e dos recortes — vamos discutir essa questão lentamente — chegou a hora dos primeiros rascunhos, é o momento de dominar o texto.

Comece a preparar a obra de arte literária.

Estude, estude, estude. Leia, leia, leia. Sem ler muito é impossível. E só os grandes — mesmo os grandes de sua geração, aqueles que estão construindo a obra ali ao seu lado —, não dê atenção a qualquer um. Anote, anote, anote. Frases breves, nomes de personagens, cenas rápidas, cenários, digressões, não elimine nada. Ainda que tudo lhe pareça confuso, todo começo de criação é confuso, às vezes feio. Não se decepcione. Faça estudos. Ouça discos, veja filmes e de novo: leia e leia e leia. Os poetas também. Os poetas ensinam a escrever. procure Manuel Bandeira, Carlos Drummond de Andrade, Mário Quintana, Ferreira Gullar, todos os bons. Ficcionistas devem ler os poetas, sempre. Procure estudar cenas, cenários, digressões, diálogos, dos grandes escritores. Não perca tempo com obras de segundo plano. Os melhores, sempre os melhores.

1. Conteúdos: *material* e *literário*

Há, pelo menos, dois grandes conteúdos na obra de arte de ficção. São eles: *material* e *literário*. Elabore, em primeiro lugar — e que isso se torne um hábi-to —, o que chamamos de *conteúdo material* do texto. Uma narrativa — conto, novela, romance — começa assim.

No *conteúdo material* são reunidos todos os elementos não-literários que o escritor precisa para desenvolver seu trabalho. O que é isso? Como se faz isso? Leia o que diz Umberto Eco, com sua leve ironia, em *Sobre a literatura*:

> Antes de tudo, para escrever um romance, o ato de escrever vem depois. Primeiro lê-se, preenchem-se fichas, desenham-se retratos de personagens, mapas dos locais e esquemas de sequências temporais. E estas coisas são feitas com caneta ou com o computador, segundo o momento, o lugar de onde se é, o tipo de narrativa ou de dado que se quer registrar: no verso de um bilhete de trem se a ideia vem em um trem, em um caderno, em uma ficha, com a esferográfica, com gravador, se necessário fosse com suco de amora.
> (Eliana Aguiar (trad.), Rio de Janeiro: Record, 2003, pp. 299-300.)

Em seguida, Thomas Mann, em seu *Gênese do Doutor Fausto*, explica o processo criador de seu romance famoso:

> A volumosa pasta com anotações já dava provas da complexidade do projeto: cerca de duzentas páginas de formato in-quarto, nas quais comprimia-se, desorganizado e enquadrado por traços contínuos, um conjunto variado de informações acessórias de diversas áreas: geográfica, linguística, so-ciopolítica, teológica, médica, biológica, histórica, musical. Eu continuava colhendo e juntando dados úteis para meu objetivo, e me dá uma espécie de alegria perceber que tanta concentração e fixação ainda me deixavam os sentidos abertos e receptíveis a impressões externas a este círculo mágico, ao mundo de fora.
> (Ricardo F. Henrique (trad.), São Paulo: Mandarim, 2001, p. 28.)

E Guimarães Rosa acentua em "Carta de João Guimarães Rosa a João Condé, revelando segredos de *Sagarana*", na sua aparente, e só aparente, espontaneidade, cheia de técnicas e de conteúdos:

> Bem, resumindo: ficou resolvido que o livro se passaria no interior de Minas Gerais. E compor-se-ia de doze novelas. Aqui, caro Conde, findava a fase de premeditação. Bastava agir. Então, passei horas, dias, fechado no quarto, cantando cantigas sertanejas, dialogando com vaqueiros de velha lembrança, "revelando" paisagens da minha terra, e aboiando para um gado imenso. Quando a máquina estava pronta, parti. Lembro-me de que foi num domingo, pela manhã.
> (*Sagarana*, op. cit., p. 25.)

Sempre recorrendo à sabedoria de Clarice Lispector, sabemos agora como ela planejou esse livro enfeitiçado que se chama *A hora da estrela*:

> Pretendo, como já insinuei, escrever de modo cada vez mais simples. Aliás o material de que disponho é parco e singelo demais, as informações sobre os personagens são poucas e não muito elucidativas, informações essas que penosamente me veem de mim para mim mesmo, é trabalho de carpintaria.
> (*A hora da estrela*, op. cit., p. 14.)

Parece que ela desmente o que digo: "Informações essas que penosamente me veem de mim para mim". Parece, só parece. No entanto, o que faz mesmo é confirmar. Elas chegam penosamente de mim para mim, o que significa que ela estuda e pesquisa. Se não fosse assim ela não diria nada. Ou seja, essas informações são formadas também de lembranças, de sons, de ruídos, de palavras. Sim, as palavras são importantes.

Pode ser esquemático demais, concordo. Concordo plenamente. Mas se você cria o hábito de realizar essas coisas, não será tão esquemático assim. Basta criar este hábito mesmo. As histórias vão surgindo, vão aparecendo, vão se insinuando.

De repente, você tem material demais para construir uma obra. Muitas vezes faço anotações nos livros que estou lendo. As páginas em branco do final do volume são uma tentação. Comento a obra que leio, mas também faço minhas notas. Pode ser que nem as leia depois, esqueço-as, revejo-as anos mais tarde. No entanto, elas estão ali, viveram a minha emoção, as ideias precisaram se materializar. Uma tarde recebi de presente um exemplar com entrevistas de Cortázar. Havia muitas páginas em branco. Ali mesmo, na sala de aula, comecei a montar "Hoje é dia de suicídio" — cuja primeira parte está publicada na revista *Coyote*, do Paraná —, para mostrar como era possível escrever uma novela a partir do Impulso, tratando de assunto que era tema de muitas anotações e preocupações minhas. Trabalho de classe.

Em geral quando se quer escrever surge de imediato o desejo. Que é meio incontrolável. De repente passamos do prazer de ler para o desejo de escrever, segundo a expressão usada por Roland Barthes. E quando chegamos ao desejo de escrever, o sangue arrebenta as veias. Nos descobrimos diante do monitor ou com uma caneta na mão e o papel sobre a mesa. O suor escorre na face. Goste ou não, esse desejo movimenta todo o Impulso — permitindo a passagem da Voz Narrativa — que todo mundo tem.

Não é que o escritor vá defender teses, ou coisa parecida. Mas o ponto de partida, depois da passagem entre o prazer de ler e o desejo de escrever, é a "ideia". Nessa luta, nesse choque, nesse conflito, surgem as primeiras palavras. Às vezes confusas, às vezes equilibradas, às vezes desencontradas, às vezes harmônicas. Raiva, decepção. Cenas, diálogos, digressões, antecipações. Mas o que se há de fazer? É assim mesmo.

No seu polêmico, combatido mas consciente livro *ABC da literatura*, diz Ezra Pound:

> Não importa saber por qual perna se começou a fazer a mesa, desde que ela tenha quatro pernas e fique de pé, depois de terminada.
> (*ABC da literatura*, Augusto de Campos (trad.), São Paulo: Cultrix, 2002, p. 63.)

Venha de onde vier o começo, vamos estabelecer uma base. *Em a gênese do Doutor Fausto: romance sobre um romance*, Thomas Mann confessa os seus temores em relação à obra e se entrega a uma vasta pesquisa, amparado em breves exercícios. Primeiro anota o título no diário, tempos depois escreve "esboços e notas para o livro", em seguida leituras sobre o assunto, toma Nietzsche como modelo do personagem Adian e lê "O médico e o monstro", decide aproximar o patológico do fabuloso e associá-lo ao lendário. Mas, agora, as "dificuldades me parecem intransponíveis. Lê Parsifal, Fausto, 'o último Ibsen', a prosa tardia de Stiffer e Fontane". E então:

> Que forma dá a tudo isso no romance? Dúvidas sobre o tipo de narração. Apontamentos sobre o tema Fausto. Nem mesmo definição de tempo e lugar. A inquietação é enorme.
> (*Em a gênese do Doutor Fausto*, op. cit., p. 24.)

O *conteúdo material* se movendo. O problema é que muita gente imagina que o romance já nasce pronto e, quando as dificuldades começam, decide que não é escritor. Se é assim, não é mesmo. Vamos insistir e insistir.

Depois de fazer uma revisão dos personagens e seus nomes, e de consultar uma vasta pasta de anotações, Mann revela:

> Em meio a tais estudos e pesquisas chegou o mês de maio de 1943, em que a mistura de esforço, experimentação, invenção, trouxe sensações e impressões das mais doces, num processo que, àquela altura, já tudo dominava e todos os acontecimentos abrangia.
> (*Em a gênese do Doutor Fausto*, op. cit., p. 27.)

E, afinal, escreve:

> Na manhã de 23 de maio de 1943, um domingo, pouco mais de dois meses depois que recuperei aquele velho caderno de notas, e na mesma data em que também pus a trabalhar o meu narrador Serenus Zeitblom, comecei a escrever o *Doutor Fausto*.
> (*Em a gênese do Doutor Fausto*, op. cit., p. 30.)

Da ideia inicial ao *conteúdo literário*, Thomas Mann passou pela construção do *conteúdo material*. Isso é absolutamente didático. E não é só Thomas Mann que faz isso. Muitos, muitos trabalham assim. Ao leitor, deve chegar com facilidade toda a água pura da ficção. Com sua beleza e com sua maravilha. Mas não se faz isso com espontaneidade.

É preciso, então, o *conteúdo literário*. Ele está nos elementos técnicos que o escritor utiliza — narrador, cenas, silêncios, elipses, ambiguidades, rapidez, duração, jogo de diálogos — para conseguir os melhores efeitos e transformar o *conteúdo material* em ponto de apoio, diluído em narrativa artística, sem que interfira diretamente na criação artística.

Thomas Mann, por exemplo, optou, em princípio, por escrever uma biografia em *Doutor Fausto*, portanto o *conteúdo literário* mais visível. Com certeza: uma biografia. Mas uma biografia em primeira pessoa? O assunto precisa ser examinado. Primeira pessoa não é para autobiografias? Se escrevemos uma biografia em primeira pessoa estamos também escrevendo uma autobiografia, ou não é?

Durante o livro, embora de maneira sutil, ele vai expondo seus *conteúdos literários*. Lança mão do Paralelismo, da Digressão, e da Antecipação. Assim:

> Nunca falei com Adrian sobre todo esse evidente paralelismo [...] Parece-me aconselhável que eu mesmo constate que essa anedota do homem tratado pelo pediatra representa uma digressão...
> (Herbert Coco (trad.), *Doutor Fausto*, Rio de Janeiro: Nova Franteira, 2000, p. 42.)

E recorre sempre às antecipações, embora reclamando, de forma a seduzir o leitor:

> Se isso for um erro, como indubitavelmente já foi um erro da minha parte falar, antecipando-me, a esta altura...
> (*Doutor Fausto*, op. cit., 2000, p. 43.)

E então:

1. *Conteúdo material:* livros, cartas, revistas, papéis, foto-grafias, anotações, rascunhos e esboços.

2. *Conteúdo literário:* paralelismos, digressões, antecipações, biografia, autobiografia, diálogos.

2. Cuidado com o documento

Os artistas plásticos fazem muitos exercícios, desenhos, croquis, usam modelos vivos, exercitam-se durante horas, copiam, reinventam naturezas-mortas, testes de cores, fotografias, álbuns de retratos antigos. Os músicos passam dias em exercícios. Um aviso fundamental: é preciso estar muito atento para não ser apenas documental. O documental deve ceder lugar ao estético. Decisivo: não é para copiar, é para inventar. Sair do concreto para o inventivo. Porque o documento é tentador. Tudo é documento: uma casa, um rosto, um prédio, um corpo. Então se impressione, registre, mas não se deixe sucumbir. Procure o absolutamente artístico. Literário.

Faça pesquisas — em recortes de jornais, revistas, publicações, anotações, filmes, poemas — a respeito do seu personagem e de sua história, que ainda é algo informe. E não esqueça: no momento da criação, nada pode lhe parecer ridículo. Como é o seu personagem? Ou como são os seus personagens? Se o artista plástico usa um modelo vivo — desde os exercícios iniciais — por que seria vedado ao escritor procurá-lo onde estiver? Às vezes basta um nome, por exemplo, e o personagem está vivo. Identifique, então, um nome, a não ser o caso de personagem inominado. Qual o comportamento, a maneira de se vestir, de andar, de conversar. É ridículo? De forma alguma. Os escritores têm seus segredos que muitas vezes não revelam a ninguém. Até por medo do ridículo. Por que Guimarães Rosa passava horas conversando com vaqueiros? Só para passar o tempo? Por quê? Eram os seus modelos.

Vamos observar o que diz Truman Capote, em *Música para camaleões*:

> [...] Coloquei-me no centro do palco e reconstituí, de modo rigoroso, reduzido ao mínimo imprescindível, as conversas banais com as pessoas de cada dia: o síndico do edifício onde moro, o massagista do clube, um ex-colega de escola, o meu dentista. Depois de escrever centenas de páginas desse tipo de coisa ingênua, acabei criando um estilo. Tinha descoberto uma forma para a qual faria convergir tudo o que sabia de literatura.
> (Milton Persson (trad.), Rio de Janeiro: Nova Fronteira, 1981, p. 16.)

Outro dia comecei a escrever um romance-didático, destinado a estudar técnicas com meus alunos do Recife, chamado *Camila* — agora se chama *A minha alma é irmã de Deus*. Comprei caderno, tesoura, cola e a personagem não aparecia. Eu sabia que estava querendo tratar das crianças jogadas no mundo a tapas, pontapés, ofensas. De repente, numa manhã de março, quinta-feira, abri o jornal e o olhinho dela apareceu. *Camila* estava ali. Pode sofrer alterações futuras, pode mudar inteiramente até que dê o romance por concluído, mas o ponto de partida surgiu. Também serve de lição. Fazer e desfazer; construir e desconstruir, rasgar e escrever outra vez. Outros recortes foram surgindo e me ajudando a montar a história. Recortes de revistas, letras de música, tratados sobre o amor.

Na maioria das vezes isso nem entra no texto. Nunca ninguém vai saber. Não tem problema. Ainda que não apareça no conto, na novela, no romance, conheça seu personagem na intimidade. E a intimidade de um personagem começa pelas anotações e pelos estudos. Pelos exercícios. Não se preocupe muito com um nome, ele vai chegar na hora certa, através desses estudos e desses exercícios. E tem mais: pode mudar de nome várias vezes até chegar no ideal. Um mau nome de personagem coloca tudo a perder.

Então será preciso mesmo ter um tema? Neste primeiro momento, sim. Digamos, um texto orientador. Que lhe oferecerá um caminho. Lembro-me perfeitamente de como comecei a escrever *Somos pedras que se consomem*, meu romance de 1994, que conquistou o prêmio da Associação Paulista de Críticos de Arte (APCA), e o "Machado de Assis", da Biblioteca Nacional, do ano seguinte. A crescente violência urbana sempre me impressionou muito, mas eu precisava escrever uma obra com uma visão da dor brasileira, e não um documento. Senão era preferível escrever um ensaio.

Segui a minha disciplina: recortes de jornais, de revistas, fotografias, papéis diversos, leituras de romances, de novelas, de contos. Sem contar que já havia feito outros recortes nos anos anteriores. Depois montei a sequência narrativa. O início foi com um verso de Sylvia Plath, que eu vinha lendo muito, e, em seguida, citações de autores importantes. O que eu queria mesmo era trazer para meu romance as vozes de outros escritores que dialogassem com a minha voz e com a voz dos jornais e das revistas. Mas é fundamental que não precisei de inspiração para criar minha história e meus personagens. Trabalho, trabalho, trabalho. Disciplina, disciplina, disciplina. E consultas a todas as fontes.

Por fim, acredite sinceramente nestas palavras de João Cabral de Melo Neto, ditas a José Castello, nas entrevistas que concedeu ao escritor, para a sua biografia *O homem sem alma*:

> Não há construção literária que me interesse sem o predomínio da razão.
> (José Castello, *O homem sem alma*, Rio de Janeiro: Bertrand Brasil, p. 141.)

Exercício

Agora que estamos nos entendendo bem, vamos aos primeiros exercícios.

1. Elabore o *conteúdo material*. Procure nos jornais uma notícia interessante. Divida os elementos com os quais vai trabalhar: história, personagens, tensão narrativa.

2. Veja o *conteúdo literário*. Narrativa em primeira ou terceira pessoa, diálogos, cenas, cenários etc. Faça o primeiro rascunho no Impulso, siga a Intuição e, só mais tarde, a Técnica.

Terceira Aula
A INVENÇÃO DO PERSONAGEM

Se você conseguiu identificar um personagem através dos exercícios de perfil, conforme recomendado no exercício da primeira aula, começou a encontrar uma história. Muitas vezes é assim mesmo: os personagens estão nas páginas dos jornais, revistas, brochuras, nas fotografias antigas e novas, na esquina ou na calçada de sua casa. Ou dentro dela, quem sabe. Não há nada de extraordinário. A verdade é que as primeiras anotações e os primeiros exercícios influenciam em todo nosso universo ficcional. As boas histórias podem estar na nossa casa e nós teimamos em não ver.

Deixa só que lhe mostre como Clarice Lispector, através de Rodrigo, encontrou o motivo para escrever *A hora da estrela*.

> É que numa rua do Rio de Janeiro peguei no ar de relance o sentimento de perdição no rosto de uma moça nordestina. Sem falar que eu em menino me criei no Nordeste. Também sei das coisas por estar vivendo. Quem vive sabe, mesmo sem saber que sabe. Assim é que os senhores sabem mais do que imaginam e estão fingindo de sonsos.
> (*A hora da estrela*, op. cit., p. 12.)

Leia assim: palavra por palavra, e aí já existe uma aula inteira. Bela e resplandecente.

a) Primeiro um rosto que ela viu "no ar de relance" numa rua do Rio de Janeiro. E com um "sentimento de perdição". Tem gente assim na casa da gente, na rua, na calçada, no trabalho. Gente é assim. E personagem é assim.

b) E por que não estamos escrevendo? Pelo velho hábito de pensar que não sabemos. Sabe sim, senhor. Sabe sim, senhora. Olhe Rodrigo dizendo: "Assim é que os senhores sabem mais do que imaginam e estão se fingindo de sonsos".

Sabe que tem mais, sabe que tem muito mais. Essa Clarice era bruxa mesmo. Professora de feitiçaria. Ela explica direitinho como criava as personagens, através da reflexão de outra personagem:

> Posteriormente, de pesquisa em pesquisa, ela soube que Glória tinha mãe, pai e comida quente na hora certa. Isso tornava-a material de primeira qualidade. Olímpico caiu em êxtase quando soube que o pai dela trabalhava num açougue.
> (*A hora da estrela*, op. cit., p. 72.)

Entendeu? Entendeu bem? Mais uma aula. Primeiro, de pesquisa em pesquisa. Quem pesquisa é a autora, não é a personagem, não. Mas por estratégia narrativa passa a informação a Macabéa, e em seguida a Olímpico, para que tudo dê a impressão de que é apenas narrativa.

Vá nessa.

1. De pesquisa em pesquisa a autora cria e estrutura sua personagem.
2. E, por isso mesmo, descobre que é "material de primeira qualidade".

Legal, não?

Daí você também pesquisa, e de pesquisa em pesquisa, percebeu que seu personagem é de primeira qualidade. E faz exercícios. O exercício é fundamental para quem quer ser escritor. E não se preocupe com as críticas ou com autocensuras do tipo "isso é ridículo", "não pode ser feito", "ninguém vai acreditar em mim".

Se quiser tenha também um diário. Um diário de escritor, é claro. Ali você pode, entre outras coisas, anotar piadas que ouve no serviço, nas ruas, nos bares. Faça isso, e depois dê uma organização no geral, colocando um personagem único. Você verá que terá logo um conto. Ou, quem sabe, uma novela. Escritor não conta piada, escritor escreve piada.

1. Um perfil seco e exato

Em primeiro lugar trace o perfil físico do personagem. Isso é apenas um exercício, não fique preocupado. Comece pela cabeça, braços, tronco, pernas. Examine ponto por ponto. Seco e exato. Exatíssimo. Para ajudar, veja o exemplo de perfil físico de Jonathan Leverkühn, pai de Adrian Leverkühn, escrito por Thomas Mann em *Doutor Fausto*, com os cortes que fiz:

> A cabeleira louro-grisalha, mal penteada, caía com mechas sobre uma testa encurvada, fortemente bipartida, com acentuadas veias temporais, pendia (em desacordo com a moda) espessa e comprida sobre a nuca, e junto à orelha pequena, bem modelada, unia-se com a barba crespa, que cobria de pelos louros as maxilas, o queixo e a cavidade do lábio inferior. Esse sobressaía, bem vigoroso, e cheio, sob o bigode aparado, [...] que harmonizava com a mirada [...] dos olhos azuis. O nariz tinha dorso delgado, um tanto adunco. A parte desbarbada das faces, sob as maçãs do rosto, encovava-se, enxuta de carnes. O nervudo pescoço ficava sempre a descoberto [...], a mão; essa mão robusta, trigueira, seca e levemente sardenta, que empunhava o cabo curvo da bengala quando ele se encaminhava à aldeia para uma sessão do conselho comunitário.
> (*Doutor Fausto*, op. cit., p. 22.)

Você viu? Exatidão germânica. De propósito fiz cortes rápidos para que ficassem apenas os traços físicos, embora com uma rápida nuança literária. Ou seja, para abrandar um pouco aquela descrição física, o corte de uma expressão "mal penteada". Isto é, há uma diferença básica entre uma nuança literária e um aprofundamento psicológico. A nuança oferece apenas uma impressão, leve impressão, impressão distante. Um traço sutil. Não define. Rápido, ligeiro. O aprofundamento psicológico conduz o texto para uma espécie de reflexão mais demorada, digamos, mais lenta. Um comentário, às vezes.

Nuança literária: leve impressão, informação textual, rapidez. Exemplo: "Cabeleira louro-grisalha, mal penteada".
Aprofundamento psicológico: reflexão sobre o comportamento do personagem, comentário. Exemplo: "Pois Jonathan aborria o modo de trajar comumente usado nas cidades".

Exercícios, exercícios, exercícios. Feito um artista plástico que se senta num banco de praça para desenhar o perfil das pessoas que passam. Ou que estão sentadas noutros bancos. Ou deitadas na grama. É assim que se faz: desenhando, desenhando, desenhando. Escrevendo. Rasgando, jogando fora, destruindo. E mais uma vez, e mais uma vez, e mais uma vez. Com raiva. Com paixão. Com amor. Odiando as palavras. Apaixonando-se pelas palavras. Detestando as palavras. Ouvi esse diálogo muito cedo:

— Não gosto do que escrevo.
— As coisas vão indo bem, esteja certo. Se você gosta logo do que escreve, então as coisas vão indo mal.

Se você não gosta e ainda assim volta a escrever todos os dias, a paixão o levará ao prazer. Tenha calma — nenhum escritor nasce feito. Autran Dourado diz que quando está escrevendo com muita facilidade, para. É sinal de que não está indo bem. Em recente entrevista a Luciana Araújo, de *Entrelivros*, ele disse: "Escritor é aquele que escreve com dificuldade. Quem escreve com facilidade é o orador". Coisa boa, não é?

2. Uma dor só lâmina

Em seguida, escreva o perfil psicológico. Mesmo que seja em poucas palavras. Se você já tem experiência, já vem escrevendo há algum tempo, faça mais tarde uma inter-relação entre o físico e o psicológico. Mas vá com calma. Tente agora o perfil psicológico. O escritor José Castello, em *O homem sem alma*, uma biografia de João Cabral de Mello Neto, traça assim um perfil psicológico do poeta:

> Rio de Janeiro, uma tarde do ano de 1991. O poeta João Cabral de Melo Neto, suavemente entorpecido por uma angústia renitente, ampara-se em sua condição imaginária de imortal e comparece ao chá semanal da Academia Brasileira de Letras. Sem outras ilusões a se apegar naquele momento, tenta se convencer de que a mudança de ares e o convívio com outros escritores podem, ao menos, atenuar a melancolia, dor concreta e penetrante — uma faca só lâmina — que sente fincada sob a garganta. Não é uma boa fase para o poeta. Aposentado há um ano da carreira diplomática e casado em segundas núpcias com a poeta Marly de Oliveira, ele não consegue aproveitar os prazeres oferecidos pelo cotidiano sem travas e pelo novo amor. Uma força irredutível, que atribui aos rancores do tempo e que não sabe nomear, o abate. O poeta está triste.
> (*O homem sem alma*, op. cit., p. 12.)

Você percebeu? Nenhuma linha sobre o físico do poeta. Nenhuma palavra sobre o rosto, os cabelos, os ombros. Nenhum traço físico. Tudo muito diferente daquele outro personagem de Thomas Mann. O homem está ali, inteiro, mas não interessa se está de fardão, de terno, ou se veste apenas calça e camisa. O importante é traçar o quadro psicológico. O poderoso quadro psicológico. Então faça o exercício. Examine tudo com cuidado, tudo com muita atenção. Encontre seu personagem. Ele vai lhe conceder muitas alegrias.

3. Comentários e aprofundamentos

Agora vamos trabalhar com o perfil físico-psicológico. Não se preocupe em encontrar vários modelos. Pode ser um só. Um amigo, uma amiga, um patrão. A foto do jornal, da revista, do cartaz. Não acumule preocupações. Nem mesmo com as palavras. Quando a gente escreve deve evitar muitos problemas de uma só vez. Vá trabalhando. Só mais tarde as palavras precisam se ajustar. Com cautela. Use mais o Impulso. Depois a Intuição.

Ainda em *Doutor Fausto*, Thomas Mann, que é um escritor de vasta lentidão, traça o perfil físico-psicológico da mãe de Adrian Luverkühn, Elsbeth, de uma maneira muito hábil. Aí ele examina o quadro físico com reflexos do psicológico ou vice-versa. Uma maneira muito interessante de conduzir o personagem. Ou, neste caso, a personagem. Vamos ver.

> Da mesma forma que seu marido, Elsbeth Luverkühn não se afeiçoava a trajes citadinos; não lhe assentavam os atavios das grandes damas, muito ao contrário da vestimenta rústica, de caráter folclórico, na qual a costumávamos ver: a saia pesada, feita em casa, como se dizia, e com ela um corpete debruado, cujo decote retangular deixava livres o pescoço um tanto entroncado e a parte superior do peito adornado às vezes de uma simples e leve joia de ouro. As mãos trigueiras, habituadas ao trabalho, mas nem toscas nem excessivamente manicuradas, com a aliança na destra, revelavam, se cabe formulá-lo assim, um quê de segurança humana, a inspirar tamanha confiança que dava prazer observar tanto a elas como também aos pés benfeitos, nem muito grandes nem demasiado pequenos, que caminhavam energicamente nos confortáveis sapatos de salto baixo e nas meias de lã verde ou cinza.
> (*O homem sem alma*, op. cit., p. 35.)

Observe bem a diferença agora entre os três perfis. Exercitando-se você pode conhecer a intimidade do seu personagem. Pode ser — é quase certo — que não apareça no texto final, mas agora você conhece todos os detalhes, o corpo e a alma, o consciente e o inconsciente. E qual é a diferença? Qual é a diferença?

1. No perfil físico (Thomas Mann), as características secas e exatas, às vezes uma nuança literária: "o nariz tinha dorso delgado, um tanto adunco", etc.
2. No perfil psicológico (José Castello), nenhuma preo-cupação com o físico e aprofundamento psicológico: "suavemente entorpecido por uma angústia renitente", etc.
3. No perfil físico-psicológico (Thomas Mann), os traços físicos são comentados para dar aprofundamento psicológico: "As mãos [...] revelavam, se cabe formulá-lo assim, um quê de segurança humana, a inspirar tamanha confiança que dava prazer observar a elas...".

Ficou claro? Quer mais um exemplo de *perfil* físico-psi-cológico? Aqui: *"Os pés benfeitos, nem muito grandes nem demasiado pequenos, que caminhavam energicamente nos confortáveis sapatos..."* etc.

De perfil físico: assim: ... junto à orelha pequena, bem modelada, unia-se com a barba crespa...

Perfil psicológico? Veja: ... ele não consegue aproveitar os prazeres oferecidos pelo cotidiano sem travas e pelo novo amor...

Agora não há mais dúvida. Os exercícios devem ser repetidos para oferecer maior segurança. Traços físicos mais comentários.

4. Materializar a personagem

Prestando bem atenção, verifica-se que tomamos o pulso de nossas narrativas. Sem susto. Sem surpresa. Os escritores costumam ter modelos de personagens. Sempre. Às vezes ficam inconscientes e eles só percebem depois. Mas há os conscientes, e veja o que Graciliano Ramos diz, a respeito de *Vidas secas*:

No começo de 1937 utilizei num conto a lembrança de um cachorro sacrificado na Maniçoba, interior de Pernambuco, há muitos anos. Transformei o velho Pedro Ferro, meu avô, no vaqueiro Fabiano; minha avó tomou a figura de sinhá Vitória, meus tios pequenos, machos e fêmeas, reduziram-se a dois meninos.
(*Vidas secas*, Do meu caderno de notas, Raimundo Carrero, carta de Graciliano Ramos a João Condé, Rio de Janeiro, junho de 1944.)

Na pesquisa de campo, durante a montagem do *conteúdo material,* a foto de uma mulher na praia lhe entusiasmou? Por que você não começa a materializá-la? Dar-lhe uma forma ficcional? Perceberá, em seguida, que aquela mulher não é a mesma que você criou. Pois a criação tem início assim. Com uma palavra, uma frase, um parágrafo, uma cena. Já estou falando em cena?

Nas primeiras luzes do *conteúdo literário* faça essa mulher andar, Então escreva simplesmente: ela anda. Não complique o que ainda nem sabe fazer muito bem. Na maioria das vezes, o escritor iniciante tem medo da simplicidade. Às vezes é até óbvio. Sem problema. Trace um quadro geral da moça: altura, pernas, seios, rosto. E pronto. Aí está, com certeza, o perfil físico, que mais tarde pode ou não ser trabalhado.

Encontre, depois, o olhar dela. O que ela vê? No primeiro momento escreve-se o que você vê; em seguida, o que ela vê. Ainda: sem complicações, narrativa rasa. Não tenha medo, escreva assim: ela vê as pessoas bebendo numa barraca. E lhe dê uma voz. Ela conversará com as pessoas. Você acha que ela é solitária? Dessa vez lhe dê ouvidos. Ela escutará tudo. As narrativas acontecem através dos olhos e dos ouvidos. Veja, ouça. O mar, o barulho das ondas, os movimentos.

Escreva, escreva, escreva.

Assim, sem muita pressa, desenhando mais do que escrevendo as palavras. Com nervosismo. E sem angústia. Existem dois tipos de angústia: a angústia existencial e a angústia criadora. Mas por favor, sem angústia. Ela vai lhe pegar nos demais instantes. Não se preocupe se está repetindo o pronome ela. Não é hora da intuição nem da técnica. As palavras não prestam? Deixe para substituí-las depois. Primeiro elas precisam existir. Precisam se mexer. Sem críticas. Nessa hora não existe crítica. Têm um rosto — as palavras também têm um rosto. Têm uma tensão. Faça a frase caminhar. As frases também caminham com os personagens.

5. Andança das palavras

Como é que uma palavra anda?
Quando a personagem anda, mais claro do que água cristalina. Mais do que óbvio.

> Ela anda em direção à praia.

Não é assim? Pois observe que as palavras andaram também em direção à barraca da esquina. A personagem não foi sozinha. Contou com a cumplicidade do narrador e do leitor. E enquanto ela anda, não acontece nada? No Impulso, não, deixe-a andar, apenas. Na Intuição, observe o que você via ou viu enquanto ela andou. Então refaça a frase:

> Ela anda em direção à praia, observando as pessoas que nadam, brincam, e pulam no mar.

É diferente? Na Técnica, tire os seus olhos e coloque os olhos da personagem.

> Ela anda em direção à praia e observa indiferente as pessoas que nadam, brincam, e pulam no mar.

O olhar da personagem mudou no acréscimo do adjetivo "indiferente". Saiu do narrador e passou para a personagem. Mas se o adjetivo for deslocado muda o fenômeno.

Ela anda indiferente em direção à praia e observa as pessoas que nadam, brincam e pulam no mar.

Escrita assim, a frase é de narrador e não de personagem. Você não deu olhos ao personagem. Os olhos são seus, que a observa de longe.

Parece ridículo? Parece? Não precisa contar a ninguém, faz parte do seu segredo. Os escritores têm segredos. E quando contam como iniciaram, a gente nem acredita. Começa a rir também. E para ajudar, escute, mais do que leia, escute o que disse o experiente Truman Capote, em *Música para camaleões*:

> Assim, como certos adolescentes estudam piano ou violino de quatro a cinco horas por dia, eu me entretinha com papéis e caneta. Nunca, porém, comentava com os outros o que escrevia: se me perguntassem o que ficava fazendo durante todas aquelas horas, respondia que eram deveres da escola. Na verdade, nunca eram os deveres. O trabalho literário tomava todo o meu tempo: minha aprendizagem no altar da técnica, do ofício; as diabólicas complexidades em matéria de separar parágrafos, pontuação, colocação de diálogos. Sem falar no plano do conjunto geral, na grande e exigente esquematização do meio-começo-fim. Havia tanto a aprender e nas fontes as mais diversas: não só nos livros, mas na música, na pintura, e na mera e simples observação cotidiana. (*Música para camaleões*, op. cit., pp. 9-10.)

Ouviu bem o que ele disse, não ouviu? Observação cotidiana. As pessoas da casa são bons personagens, os vizinhos oferecem grandes sugestões, os colegas nem se fala. Todo colega tem outro colega esquisito, cheio de bossas, calados ou conversadores. Chega mais: aí não estará um personagem? Chega um pouco mais: e aquela tia que guarda dinheiro para comprar um terreno no céu? Um pouco mais ainda: e aquele colega que adora a solidão do banheiro? Todos, todos os personagens estão aí à sua frente. Caderno e caneta na mão. Ou caderneta eletrônica. Ou o computador mesmo. Vamos ouvir também o que Érico Veríssimo tem a revelar no seu *A liberdade de escrever*:

> No instante em que começamos a imaginar uma figura, o inconsciente nos manda as suas mensagens. Queremos um médico? Então, estimulado pela palavra 'médico', o computador nos envia imagens de médicos que conhecemos durante nossa vida.
> (Rio de Janeiro: Globo, 1999, p. 48.)

Se for preciso, imite o seu autor preferido. Só por uns dias. Para destravar. As influências existem e não vão nos abandonar nunca. Isso é outro segredo de escritor. Enfrentar as influências e vencê-las. E para quebrá-las pense também na sua realidade. Na sua maneira de escrever. Com o tempo, vamos verificar também que escritor não tem estilo — quem tem estilo é o personagem. Na nossa frase, por exemplo, mostrar como escreve o narrador e como escreve o personagem. Na Técnica haverá sofisticação e apren-deremos isso muito bem.

Exercício

Procure materializar a personagem através dos exercícios de perfil. Um perfil físico, outro psicológico, e mais outro físico--psicológico. Não precisa fazer uma narrativa, mas apenas os perfis. Escolha mesmo aquela moça que a gente viu na praça. Não serve? Veja o rosto de Macabéa. Tem o livro e tem o filme. Também não serve? Então escolha o seu personagem. Uma pessoa da família, um vizinho, um amigo.

Por enquanto, é só.

Quarta Aula
ESTUDO DA MONTAGEM DO TEXTO

No Impulso inicial não se preocupe com a Técnica. Use apenas o Impulso. Você já fez o exercício de hoje? Está realizando os perfis? A prática é o fundamento da criação literária. Estabeleça as suas condições objetivas. Disciplina e disciplina e disciplina. Escolha um lugar para escrever — no ônibus, no avião, na sala vendo televisão, no meio do tiroteio, conversando com os amigos no bar. Mas escreva, escreva, escreva. Você já percebeu como os pintores desenham enquanto bebem uísque ou cerveja? Não esqueça aquele ditado antigo de velho: descansa enquanto carrega pedras. Nos ombros.

Então, vamos começar a aula de hoje fazendo uma rápida revisão do que estudamos nas duas anteriores. Primeiro aprendemos que não existe Inspiração, mas Eclosão. E que para que ela aconteça é necessário preparar a obra de arte ficcional através do *conteúdo material*, que nos levará ao *conteúdo literário*. No *conteúdo material* recorremos a recortes de jornal, fotografias, revistas, cartazes, e aí descobrimos, entre outras coisas, um rosto, um olhar, uma boca que nos interessa. E no Impulso, não se preocupe com a Técnica.

No momento da escrita não fique preocupado com a qualidade imediata do texto, da frase, da palavra. Só escreva. Umberto Eco lembra que a cena erótica de amor na cozinha em *O Nome da Rosa* foi escrita de um jato, "só depois é que a poli, como se passasse por cima um verniz homogeneizante, a fim de que as suturas ficassem menos visíveis".

Então, no princípio é o Verbo.

1. Pedindo ajuda a Joyce

Estamos, assim, conhecendo a nossa personagem, aquela moça na praia que nos impressionou. Ou melhor, aquele recorte — ou fotografia ou cartaz — que nos levou a traçar perfis — físico, psicológico, e físico-psicológico, seguindo os exemplos de Thomas Mann e de José Castello. Ou de Clarice. Os perfis são importantes porque nos conduzem a dois caminhos: de um lado, servem mesmo de exercício para o domínio da palavra e da frase e, por outro, porque nos faz conhecer a intimidade do personagem.

Os exercícios foram feitos? Não? Então vamos trabalhar juntos. Vem de lá. Na segunda aula, dissemos que no começo do começo é possível imitar — imitar mesmo e sim —, um dos nossos autores preferidos. Pois agora vamos pedir ajuda a Joyce. Ou você não conhece Joyce? Conhece. Se não, corra na primeira livraria e compre *Retrato do artista quando jovem*. É fundamental. Deixe-o no lugar mais importante de sua biblioteca. Deixe-o e leia-o. Leia-o sempre. É de tremer. Se possível até copiando as cenas. Ismail Kadaré diz que o primeiro livro que escreveu foi *Macbeth*, de Shakespeare. A peça foi toda copiada à mão. Palavra por palavra. Ponto por ponto. Isto não é imitação — isto é trabalho.

Vamos agora usar aquela nossa primeira frase nua e crua.

Ela anda em direção à praia.

Assim, sem aquele exercício de olhar que será usado depois. Com a frase no papel — ou no computador — posso me aproximar de um texto de Joyce. Vou chegando, vou chegando, vou chegando, devagar. Você também vai escrever, não vai? Vem chegando também. Mas um momento. Um momento. Estamos nos apressando. Primeiro anote a frase. Deixe-a aí. Solte a caneta ou o teclado. Vamos, é claro, conhecer o texto de Joyce, da quarta parte de *Retrato do artista quando jovem*:

Uma rapariga apareceu diante dele no meio da correnteza, sozinha e quieta, contemplando o mar. Era como se magicamente tivesse sido transformada na semelhança mesma duma estranha e linda ave marinha. Suas longas pernas, esguias e nuas, eram delicadas como as dum grou, e eram claras até onde a esmeralda da água do mar as rodeava, marcando a sua carne. As coxas rijas, duma coloração suave como a do marfim, estavam à mostra quase até os quadris, onde as alvas franjas do seu calção eram como penugem de alva e macia pluma. A orla azul-clara do seu saiote ajustava-se garridamente em torno de sua cintura, abotoando-se atrás. O peito era o de um pássaro, macio e leve, tão leve e tão macio como o de um pombo de penas negras. Mas os seus cabelos compridos eram de menina; e de garota, tocada pelo deslumbramento duma beleza mortal, era a sua face.
(José Geraldo Vieira (trad.), São Paulo: Abril Cultural, 1971, p. 161.)

Trabalhando, faremos algumas adaptações. É claro que Joyce e José Geraldo Vieira vão nos perdoar. Ainda está lembrado da frase?

Ela anda em direção à praia.

Quando nos aproximamos do texto de Joyce, precisamos mudar o tempo verbal. Porque escrevemos no presente do indicativo — "anda" — e ele no pretérito perfeito — "apareceu". Quem muda? Vamos para o pretérito perfeito, pelo natural respeito que temos ao escritor irlandês.

Então, para começo de conversa, risca aí, risca: "anda". E escreve "andou". Não, não apenas risca, substitui "andou" por "apareceu". Você está saindo do Impulso para a Intuição, percebeu? Caneta à mão ou mãos no teclado. E agora, a gente vai ter que mexer no texto do escritor consagrado. Pois é, vamos, sim.

Ela apareceu em direção à praia.

E como fica?

Uma rapariga apareceu diante dele.

Muda mais uma vez:

Ela apareceu diante dele...

Coitados de nós, hein? Mexe que mexe, ficamos apenas com uma palavra: "Ela". Joyce levou o resto. Está vendo como é perigoso se aproximar dessa gente? Mas é preciso considerar que fomos nós que demos início à frase, começamos a construção, fizemos a nossa parte. Só teve início porque trabalhamos. Isso é básico. Se a gente ficasse esperando pela inspiração não havia começado. E só chegamos aqui porque estamos na luta. Em *Dom Casmurro*, Machado afirma que alguns autores só têm de seu o título na obra. Outros, nem tanto. Não é o nosso caso.

Estamos realizando um perfil. Físico? Psicológico? Físi-co-psicológico? Afinal, o que é isso? Um perfil físico, com certeza. Sem a secura e a exatidão de Thomas Mann, mas com a suavidade e a leveza de Joyce, rente ao coração selvagem da vida. Clarice Lispector fez muito bem em ajustar a expressão ao título do seu primeiro romance. Até tu, Clarice? E ela nem disfarçou, escreveu o texto na epígrafe do livro: "Ele estava só. Estava abandonado, feliz, perto do coração selvagem da vida". Não é a mesma coisa? Pois é. O caminho é por aí. Sem dúvida. Nunca esqueça que *Perto do coração selvagem* é o *Retrato do artista quando jovem* de Clarice. Um dos livros de Dylan Thomas chama-se *Retrato do artista quando jovem cão*. É, sim, é assim que se aprende.

Vamos escrever com Joyce? Sem medo? Agora.

Ela apareceu diante dele, sozinha e quieta, contemplando o mar, *iluminada pelo sol*. Era como se magicamente tivesse sido transformada numa estranha e linda ave marinha. (*Uma estranha e linda ave marinha, exposta à maravilha dos olhos*). *As* longas pernas, esguias e nuas, delicadas como as de *uma garça*, (eram) claras até onde a esmeralda da água do mar as rodeava, marcando a sua carne. As coxas rijas, duma coloração suave semelhante à do marfim, até quase os quadris, onde as alvas franjas do biquíni (*biquíni*) (*revelando a maciez da cintura*) *pareciam* a penugem de alva e macia pluma, *intocada, de extrema delicadeza*. A orla azul-clara *do biquíni* ajustava-se em torno da cintura, abotoando-se atrás. O peito *assemelhava-se* a um pássaro, *terno* e leve, tão leve e tão macio *igual* ao de um pombo de penas negras. Mas os cabelos compridos eram de menina; e de garota, tocada pelo deslumbramento duma beleza mortal, a face *encantada*.

2. Símile e metáfora

Pelo amor de Deus não digam que estou aleijando o texto de Joyce, que é maravilhoso. Procuro apenas o exemplo, que envolve cópia, imitação e desenvolvimento. Pensem nisso, por favor. As intervenções ajudam o escritor iniciante a encontrar as palavras individuais e intransferíveis, a identificar a pulsação narrativa, o ritmo interior. Não se trata de correção ou de ajuste. É apenas exercício. Cópia. Imitação. Desenvolvimento.

Para iniciar o trabalho fizemos a substituição do artigo indefinido "uma" pelo pronome pessoal "ela", em lugar também de "rapariga" — palavra que no Brasil tem um sentido pejorativo —, o que possibilita a firmeza da frase e define o pulso do escritor. E se o narrador quiser escrever "uma rapariga", não pode? Pode. É claro que pode escrever "uma rapariga" ou "uma moça", quando se pretende alcançar algo indefinido, nebuloso. A intenção aqui é a de exercício, puro exercício. Se você está com essa dúvida, escreva como achar melhor. Não pode é deixar de escrever. Quer discordar de mim? Fique à vontade. Mas escreva, por favor.

No final da frase acrescentamos "iluminada pelo sol" para possibilitar a sua intervenção direta, de forma que você possa sentir que também está escrevendo na companhia de Joyce. Principalmente isso: para que você possa intervir. Importante. Uma boa. Mais uma vez: exercício, exercício, exercício. Em seguida: "transformada numa estranha e linda ave marinha" ao invés do "era como se tivesse sido transformada na semelhança duma estranha e linda ave marinha", para procurar uma metáfora e não um símile. Pode nem ficar bom, certo, pode parecer um exagero, uma loucura. Compreendo perfeitamente. O que acontece é que estamos tentando um exemplo de metáfora, para ajudar na compreensão do texto. Na metáfora a moça é uma ave marinha; no símile é feita uma comparação.

Como é isso? Vamos lá. Autran Dourado escreve:

> No símile se compara uma coisa a outra coisa; é mais uma aproximação do que uma transferência de significado. O símile diz apenas que uma coisa é *como* a outra; na metáfora uma coisa é a outra. O símile pode ser dividido e separado nas suas partes, ou mesmo ter omitido o seu segundo termo, sem prejuízo maior, pois o símile apenas esclarece e enriquece adjetivamente. A metáfora não, pois os seus termos se integram e se fundem de tal maneira que a separação deles só é possível analiticamente, pelo desdobramento dos quatro termos de que fala Aristóteles, o que significa empobrecimento substantivo. Se eu digo Fulano estava triste como um "cachorro" abandonado na porta da igreja, faço um símile. Se corto "como um cachorro abandonado na porta da igreja", não altero muito a frase, porque Fulano continua triste mesmo.
> (*Poética de romance: matéria de carpintaria*, Rio de Janeiro: Difel, 1976, p. 16.)

E continua:

> Vamos examinar um exemplo clássico de metáfora. No seu sentido literal, navio é uma embarcação que viaja sobre o mar; o deserto é o ermo ou "mar" de areia; o camelo cruza o deserto como o navio cruza o mar (símile componente da metáfora). Quando dizemos que o camelo é o navio do deserto, construímos uma metáfora. Os seus termos são insubstituíveis, a não ser que façamos outra metáfora. Podem ser desdobrados e analisados: o camelo (A) está para o deserto (B) como o navio (C) está para o mar (D).
> (*Poética de romance: matéria de carpintaria*, op. cit., pp. 180-1.)

Demorou mas saiu, não foi? Para efeito de compreensão, reiteramos:

Símile: "Era como se magicamente tivesse sido transformada na semelhança mesma duma estranha e linda ave marinha".
Metáfora: "Era uma estranha e linda ave marinha".

Entendeu? Entendeu a diferença entre símile e metáfora? Ótimo. E se agora quer mudar porque acha feio — e parece feio mesmo —, então faça o que todo escritor de verdade faz no dia a dia: risca, apaga. Apagar é também escrever. Não tem aquela frase famosa: "Escrever é cortar palavras"? Faça isso. Aliás, faça isso sempre. Dizem que a frase é de Carlos Drummond de Andrade ou de um poeta francês, cujo nome não me lembro agora nem tenho onde procurar. Fica assim mesmo.

Aqui não é uma questão de beleza, veja bem. Aqui estamos tentando escrever um perfil com a ajuda de Joyce, na busca de um texto. Exercitando o jogo de palavras e de frases. Não estamos corrigindo Joyce. De modo algum. Trata-se de um exercício de criação. Saindo daí para o nosso texto. Canhestro, fraco, cheio de defeitos. Mas ainda assim nosso texto. Às vezes é preciso escrever a frase ruim para conhecê-la. Como é que eu sei que é ruim se ainda nem a coloquei no papel? Paciência. Riscando e apagando, a gente aprende.

Primeiro o Impulso, depois a Intuição.

3. As frases que se ajustam

Observe a princípio o que não agrada na frase: risca, apaga e escreve novamente, a imagem ficaria assim: "Era como se magicamente tivesse sido transformada numa estranha e linda ave marinha". A gente permanece com o símile, mas exercitou a metáfora. Como a metáfora ficou feia, vamos cortá-la e escrever um símile, riscando apenas "na semelhança mesma".

Em frente.

Na terceira frase uma intervenção imediata. Saiu "suas" e entrou "as" para evitar a ambiguidade do pronome "sua" e a repetição no final da frase: "sua" carne. Depois a substituição de uma palavra. Tira "grou" e aparece "garça", pela familiaridade com o termo.

O que é ambiguidade?

Você sabe, não sabe?, mas custa relembrar? É uma Técnica muito interessante e que nós vamos usar na hora certa. No dicionário afirma-se que é "multiplicidade de sentidos", "falta de clareza". E a gente pode escrever com falta de clareza? Isso é bom? E por que é bom? Porque embora não pareça claro, o narrador precisa desse recurso para, de propósito, confundir o leitor ou projetá-lo para outro sentido do texto, daí a multiplicidade de sentidos. Outro dia o jornal publicou o seguinte título: "Atleta afirma que dormiu na sua casa". Na casa de quem? Dele, atleta? Ou na casa do leitor? Usada de qualquer maneira, a ambiguidade é um perigo. Com justeza técnica é uma maravilha.

O que diz Autran Dourado?

> A ambiguidade em ficção é tão importante como em poesia... Ambiguidade e nuança ficam bem com o remorso, que é sempre fino e coleante, ao contrário da culpa declarada, que é gritante.
> (*Poética de romance: matéria de carpintaria*, op. cit., p. 181.)

Use a ambiguidade mas cuidado para não ter remorso. Nem culpa.

Já estamos correndo o risco da dispersão. Retornemos ao texto. O que é que a gente estava dizendo mesmo? Ah, terminada a terceira frase, examinemos a quarta. Nossa intervenção, para a criação do nosso texto aparece em...? Como é mesmo a frase de Joyce? "As coxas rijas, duma coloração suave como a do marfim, estavam à mostra quase até os quadris, onde as alvas franjas do seu calção (biquíni) eram como a penugem de alva e macia pluma." Agora... Bem... e como foi a nossa intervenção, nossas palavras?

Veja:

As coxas rijas, duma coloração suave como a do marfim, estavam à mostra quase até o *biquíni, revelando a maciez da cintura,* onde as alvas franjas do seu calção eram como penugem de alva e macia pluma, *intocada, de extrema delicadeza.*

Na quinta frase, intervenções mínimas e leves:

A orla azul-clara do seu saiote ajustava-se garridamente em torno de sua cintura, abotoando-se por trás.

Assim:

A orla azul-clara do *biquíni* ajustava-se em torno *da* cintura, abotoando-se por trás.

Na sexta frase:

O peito era o de um pássaro, macio e leve, tão leve e tão macio como o de um pombo de penas negras.

E agora:

O peito *assemelhava-se* ao de um pássaro, *terno, terno e leve,* macio e leve, tão macio e tão leve *igual* ao de um pombo de penas negras.

No final:

Mas os seus cabelos compridos eram de menina; e de garota, tocada pelo deslumbramento duma beleza mortal, era a sua face.

Nossa palavra:

Mas os cabelos compridos eram de menina; e de garota, tocada pelo deslumbramento duma beleza mortal, era a sua face, *encantada.*

Para que serviram as intervenções, hein? Para formamos o nosso próprio texto, para tentar, com a ajuda de Joyce, trabalhar o nosso perfil, procurando definir aquela moça que encontramos na praia. Não, ainda não. No recorte do jornal, revista, cartaz, ou no álbum de fotografias. Vamos ao nosso primeiro texto, realizado nas intervenções.

> *Ela apareceu iluminada pelo sol... Exposta à maravilha do olhar... Uma garça... Revelando a maciez da cintura, intocada, de extrema delicadeza... assemelhava-se... terno... terno e leve... igual... encantada...*

E agora? Maluquice, não é? Nem tanto assim, acredite. Antes nós não tínhamos nada, absolutamente nada, e agora a nossa voz narrativa revelou-se confusa, atordoada, barulhenta. Palavras soltas, vazias, atormentadas. Pois é assim, muitas vezes, que nasce um texto. No Impulso, nossa voz não tem a menor delicadeza. E o que fazer? Ora, o que fazer. Voltamos a Joyce. Ele está aí para nos ajudar mesmo. Com cautela. Nós temos as nossas palavras, e ele outras. Vamos à luta:

> *Ela* apareceu *iluminada pelo sol.* Contemplando o mar, lembrava uma estranha e linda ave marinha, *exposta à maravilha dos olhos. Uma garça.* As longas pernas, esguias e nuas, as coxas rijas estavam à mostra até os quadris, *revelando a maciez da cintura, intocada, de extrema delicadeza Assemelhava-se* a um pássaro *terno, e leve,* macio e leve, *igual* ao peito de um pombo. *Encantada.*

Viu? Nem doeu. É possível escrever um texto curto, pequeno, leve, sem ousadias. O resultado pode e deve ser melhor. Esse exercício, porém, deve ser feito apenas para destravar. Para pessoas que não conseguem escrever de maneira alguma. Pode-se pegar, por exemplo, a primeira página de um clássico e intertextualizar com ele. Você coloca a cena no computador e começa a trabalhar, intervindo, intervindo, intervindo. Isso é natural. E deve ser feito de modo a tornar a voz narrativa mais tranquila, mesmo quando está barulhenta.

Escute o que diz Umberto Eco em *Pós-escrito a O Nome da Rosa*, revelando que usou vários textos para formar um só texto na cena de amor na cozinha:

> Portanto, enquanto escrevia, tinha ao meu lado todos os textos, espalhados em desordem, e lançava os olhos ora sobre um ora sobre outro, copiando um trecho, ligando-o logo em seguida a outro.
> (Letzia Zini Antunes e Álvaro Lorencini (trads.), Rio de Janeiro: Editora Nova Fronteira, 1985, p. 39.)

Mesmo assim, é preciso ser muito claro: trata-se de um exercício. Não aconselho ninguém a lançar mão de textos de outros escritores. Puro exercício, puro exercício, puro exercício. E, se considerar necessário, intertextualize outros escritores. Os resultados sempre serão bons. Já não digo na qualidade do texto, mas pelo menos no exercício. Exercícios nunca são demais. Faça uma experiência com Joyce e Thomas Mann. Certo? Depois tem mais.

Quinta Aula
DURAÇÃO PSICOLÓGICA DO LEITOR

Vamos escrever o capítulo inicial de um romance?
Contaremos com a colaboração de Joyce e Thomas Mann. Ou seja, continuaremos a trabalhar juntos, porque vamos intertextualizar os parágrafos deles com os nossos, aqueles mesmos que conseguimos, penosamente, escrever, des-cobrindo as expressões pessoais e intransferíveis.

Está lembrado? Sem surpresa. Escrever é assim mesmo.

Tanto tempo de trabalho para míseras vinte e boas palavras. Suor e sacrifício. Um tanto de alegria e um tanto de decepção. Flaubert sentia-se humilhado por ele mesmo. Mas não passava um dia sem escrever. E escrevendo, e escrevendo, e escrevendo. Conhecendo a montagem do texto e o tempo psicológico do leitor. O que, aliás, já estamos fazendo, embora sem conhecimento franco.

Antes de mais nada, no entanto, uma palavrinha a respeito da intertextualidade, segundo Julia Kristeva, citada por Massaud Moisés:

> O texto literário se insere no conjunto dos textos: é uma escrita réplica (função e negação) de uma outra (dos outros) textos [...]; a linguagem poética aparece como um diálogo de textos.
> (*Dicionário de termos literários*, São Paulo: Cultrix, 2004, p. 243.)

E quais são as nossas míseras vinte e cinco palavras, desconjuntadas e desajeitadas, que precisaram ainda da colaboração de Joyce para formar um texto de sessenta e três palavras, com alguma coesão? De forma que ainda precisamos de trinta e oito palavras do irlandês para completar o perfil que tentamos escrever. Parece uma tarefa nada animadora. Sobretudo agora que vamos escrever um capítulo com a ajuda deles, é verdade, mas chegando, aos poucos, numa viagem através das sombras, à nossa maneira de escrever.

Aqui estão elas:

> *Ela apareceu iluminada... exposta à maravilha dos olhos... uma garça... revelando a maciez da cintura, intocada, de extrema delicadeza... assemelhava-se... terno... terno e leve... igual... encantada...*

Na costura feita com a colaboração de Joyce — em *Pós-escrito ao O Nome da Rosa*, Umberto Eco chama essa operação de "polir", homogeneizando. Não há dúvida de que conseguimos apenas, no primeiro exemplo, um texto puído ou rasgado. E além do polimento, com a agulha e a linha do escritor irlandês, cerzimos um tecido mais equilibrado, que ficou assim:

> *Ela* apareceu *iluminada pelo sol*. Contemplando o mar, lembrava uma estranha e linda ave marinha, *exposta à maravilha dos olhos. Uma garça*. As longas pernas, esguias e nuas, as coxas rijas estavam à mostra até os quadris, *revelando a maciez da cintura, intocada, de extrema delicadeza. Assemelhava-se* a um pássaro *terno e leve*, macio e leve, *igual* ao peito de um pombo. *Encantada*.

1. Vai começar a festa

Pois agora vamos fazer o seguinte: deixamos um pouco de lado esse texto, as intervenções, as anotações à espera, e vamos intertextualizar as narrativas de Joyce e Thomas Mann para ver o que acontece nesse início de capítulo. Vou fazer leves cortes nas narrativas para possibilitar maior entrosamento. O trabalho é sempre assim, com sucessivas intervenções, até se encaixar perfeitamente.

E sem esquecer a voz de Umberto Eco:

Há o diálogo entre o texto e todos os outros textos escritos antes (só se fazem livros sobre outros livros e em torno de outros livros) e há o diálogo entre o autor e seu leitor modelo.
(*Pós-escrito ao O Nome da Rosa*, op. cit., p. 40.)

Mãos à obra.

Joyce:

Uma rapariga apareceu diante dele no meio da correnteza; sozinha e quieta, contemplando o mar.

Thomas Mann:

Os cabelos encobriam metade das orelhas e argenteavam-se lentamente; firmemente puxados para trás, a ponto de brilharem qual espelho desnudando na risca da testa a brancura do couro cabeludo. Nas proximidades das orelhas, caíam soltas, contudo, algumas mechas.

Intertextualizando as duas narrativas, teremos:

Uma rapariga apareceu diante dele no meio da correnteza, sozinha e quieta, contemplando o mar. Os cabelos encobriam metade das olheiras e argenteavam-se lentamente; firmemente puxados para trás, a ponto de brilharem qual espelho desnudando na risca da testa a brancura do couro cabeludo. Nas proximidades das orelhas, caíam soltas, contudo, algumas mechas.

Vamos fazer agora a nossa intervenção com uma única frase. Por que tem de ser assim?

Bem, não tem de ser assim. Se você quiser pode procurar outra solução. Não existe imposição. É apenas uma possibilidade. Trabalhamos com poucas palavras para não perdermos o domínio da situação. É claro que é arbitrário, concordo. Mas temos que tomar uma posição.

Portanto, caneta e papel na mão, ou dedos no teclado do computador. Escrevendo:

Sem pressa, andou em direção à praia, de onde um rapaz a observava, enquanto outras pessoas brincavam e pulavam.

2. Literatura é insatisfação

Esta frase vem desde a segunda aula, está lembrado? Corta um pouco aqui, corta um pouco acolá, risca, acrescenta.. Insatisfação. Está insatisfeito? Não se preocupe, literatura é feita de insatisfação. Com habilidade a gente chega lá. Faça um pouco de esforço. O momento da alegria vai chegar.

Você está alegre? Então, tudo bem. Prossiga.

Agora chegou o momento de recorrer àquele outro texto que ficou guardado, lá em cima. Achou? Venha com ele. Estamos indo bem.

Escreva as primeiras palavras recorrendo ao nosso texto, com as intervenções que fizemos. Sim, comece com "ela apareceu". Ótimo. Depois siga o texto de Joyce — "diante dele no meio da correnteza, sozinha e quieta, contemplando o mar" —, sem nervosismo, e agora nossas palavras: "iluminada pelo sol, exposta à maravilha dos olhos."

Isso, compreendeu? Você escreveu "uma garça". Risca. Não é que não preste, veja bem, é que estamos ainda muito grudados na imagem de Joyce e ela precisa desaparecer. Por isso sai "uma garça".

Escrevemos, Joyce escreve, a gente volta a escrever. Depois faça o mesmo com Thomas Mann, escreva, suprima, aumente, intervenha.

Thomas Mann também escreve: "Os cabelos encobriam metade das orelhas, e argenteavam-se lentamente, puxados para trás, a ponto de brilharem qual espelhos, desnudando na risca da testa a brancura do couro cabeludo." Você está escrevendo e já percebeu que o verbo "eram" e o advérbio "firmemente" foram cortados para melhor adaptação da frase. E vamos também cortar "a ponto de brilharem como espelho", para não se chocar com "argenteavam-se lentamente".

A frase então fica assim:

Os cabelos encobriam metade das orelhas, argenteavam-se lentamente, puxados para trás, desnudando na risca da testa a brancura do couro cabeludo.

Maravilha. Não gosta? Não gostou? Estamos todos implicando com este "e argenteavam-se lentamente". Se é assim, tira, tira, corta, risca. Os cortes, os acréscimos, as intervenções vão trazendo o texto para nossa escrita. Neste momento você escreve. Sim, escreva, vamos: "revelando a maciez da face, intocada, de extrema delicadeza". Você fez uma intervenção no seu próprio texto? Bom, muito bom. Substituiu "pele" por "face"? Fez muito bem. É riscando e substituindo que se aprende. Lembre-se: escrevemos e reescrevemos.

Continuamos com Thomas Mann: "Nas proximidades das orelhas caíam soltas, contudo, algumas mechas." Para, para. Cabe mesmo essa adversativa "contudo"? Para justificar as mechas, que se destacavam dos "cabelos puxados para trás" ou para permitir oscilação na frase? Como estamos escre-vendo um perfil físico sem permitir oscilação no leitor, é melhor tirar. Então, risca.

Escreva: "Assemelhava-se".

Pare outra vez. Joyce escreve: "a um pássaro". Para, Joyce, para. Você: "terno, terno e leve". Vem, Joyce, socorre: "macio e leve." Você de novo: "Igual". Joyce se aproxima: "Ao peito de um pombo". Você acrescenta: "Encantada".

Finalmente, vamos escrever de todo a nossa frase. Ou a sua frase? Fica melhor assim: minha frase. Ótimo. Então minha frase, ou seja, a sua frase é a seguinte: "Devagar". Espere aí, não era "sem pressa"? Ah, você prefere "devagar". Pensando bem, fica melhor. Bem melhor. Escrevendo: "Devagar, e lentamente". O que foi que houve? Acrescentou o advérbio "lentamente". Mais do que isso, você tirou o advérbio de Thomas Mann e recriou-o na sua frase. Beleza. De vez:

> Devagar, e lentamente, andou em direção à praia, de onde um rapaz a observava, enquanto outras pessoas brincavam e pulavam.

Um momento, porém. Parabéns por tirar a palavra de Thomas Mann, no entanto vamos em busca de outra solução. Riscamos "lentamente" e deixamos apenas "lenta". E achamos a frase:

> Devagar, lenta, andou em direção à praia, de onde um rapaz a observava, enquanto outras pessoas brincavam e pulavam.

Não se preocupe com a repetição "devagar", "lenta", isso é literatura. Pede a reiteração e não a repetição. Devagar. Lenta. Enfim. Pausa para um cafezinho. Quem fuma, fuma, quem não fuma se sacode.

Voltamos ao trabalho.

Feita essa intervenção, encontramos o começo do capítulo que pretendemos escrever a seis mãos.

3. Vamos ao começo do texto

"Ela apareceu diante dele no meio da correnteza, sozinha e quieta, contemplando o mar, *iluminada pelo sol, exposta à maravilha dos olhos*. Os cabelos encobriam metade das orelhas, puxados para trás, desnudando na risca da testa a brancura do couro cabeludo, *revelando a maciez da face, intocada, de extrema delicadeza*. Nas proximidades das orelhas caíam soltas algumas mechas. *Assemelhava-se* a um pássaro *terno, terno e leve,* macio e leve, *igual* ao peito de um pombo. *Encantada*. Devagar, e lentamente, andou em direção à praia, de onde um rapaz a observava, enquanto outras pessoas brincavam e pulavam".

Já sei, estamos ainda insatisfeitos. Não encontramos coisa alguma ainda. Mais um corte? Mais uma supressão? Sim. Riscamos "no meio da correnteza, sozinha e quieta, contemplando o mar", para que a frase fique somente nossa: Tiramos Joyce. Completamente. Essa gente é perigosa — nós também somos.

Ela apareceu diante dele, iluminada pelo sol, exposta à maravilha dos olhos.

Bom demais. Ainda quer mexer? Sim? Vamos lá? Ao invés de "a um pássaro terno, terno e leve, macio e leve, igual ao peito de um pombo", escrevemos "a uma ave marinha". E pronto. A frase agora é nossa: "Assemelhava-se a uma ave marinha". Sai, pombo, sai. Então, com a imprescindível ajuda de Thomas Mann e Joyce, encontramos um texto leve e enxuto, agora nosso.

Ela apareceu diante dele, iluminada pelo sol, exposta à maravilha dos olhos. Os cabelos encobriam metade das orelhas, puxados para trás, desnudando na risca da testa a brancura do couro cabeludo, revelando a maciez da face, intocada, de extrema delicadeza. Nas proximidades das orelhas caíam soltas algumas mechas. Assemelhava-se a uma ave marinha. Encantada. Devagar, e lenta, andou em direção à praia, de onde um rapaz a observava, enquanto outras pessoas brincavam e pulavam.

Que tal mexer um pouco mais no texto de Thomas Mann, para efeito de reescritura e de participação? Observe:

Os cabelos, puxados para trás, encobriam metade das orelhas, desnudando assim a brancura do couro cabeludo.

O que foi feito? Deslocamos a expressão "puxados para trás" para junto de "os cabelos" e acrescentamos a palavra "assim" depois de "desnudando". Ou não é bom dessa maneira? O que fazer agora? Alguma outra sugestão? Permanecemos como está ou procuramos nova saída? Quem sabe, talvez:

Puxados para trás, os cabelos encobriam metade das orelhas, desnudando assim na risca da testa o branco do couro cabeludo.

Nem pensar, aí não presta mesmo. Há um conflito de imagens, uma confusão narrativa. Algo que embaralha o leitor. Vamos ver:

Ela apareceu diante dele, iluminada pelo sol, exposta à maravilha dos olhos. Puxados para trás, os cabelos encobriam metade das orelhas, desnudando assim a brancura do couro cabeludo.

Veja bem: parece, de repente, que os olhos foram "puxados para trás", não é mesmo?, por causa da proximidade..." os olhos. Puxados para trás..."
Nem pensar.

4. Impossível a contorção

Resta uma última sugestão, que investigaremos agora. Vamos a ela:

> Desnudando a brancura do couro cabeludo, os cabelos, puxados para trás, encobriam metade das orelhas.

Refeita, a frase parece uma contorção. Para efeito de um texto tranquilo, leve, e mágico, impossível. Só presta, se é que presta, numa imagem também confusa e igualmente provocando uma contorção. E a palavra "assim", desaparece. Embora, a princípio, ofereça uma certa leveza pelo gerúndio — "desnudando" — na abertura da frase. O gerúndio, em geral, mas nem sempre, leva a uma distensão da frase, sobretudo em cenas de paixão. Não é o caso, no momento. Não porque negue a função do gerúndio. O problema que causaria é essa contorção na frase, ou na imagem, que não é correta, neste momento, para o leitor. Além disso, sai a palavra "assim", que tem se mostrado inadequada.

Só mais uma coisa: vendo bem, a primeira frase é inadequada. Escrita "exposta à maravilha dos olhos", parece que os olhos é que são maravilhosos. Então muda e fica assim:

> Ela apareceu diante dele, iluminada pelo sol, exposta ao olhar maravilhado.

Não, também assim, não, a imagem já é eloquente demais, ela é a maravilha e nem mesmo o olhar pode estar maravilhado, numa expressão dessa maneira, grosseira. Não pode ser dita. Um escritor de ficção não diz, mostra. Quem diz é relatório. O texto mostra a maravilha que é a imagem e todos estão maravilhados, inclusive o leitor. A frase fica mais seca, mais exata:

> Ela apareceu diante dele, iluminada pelo sol.

Corta, definitivamente, "exposta ao olhar". E, mesmo assim, não fica bem abrir a segunda frase com "puxados para trás". Deixa aí, deixa como está. E mais uma sugestão para concluir o texto de abertura do nosso capítulo:

> Ela apareceu diante dele, iluminada pelo sol. Os cabelos, puxados para trás, encobriam metade das orelhas e desnudavam a brancura do couro cabeludo na risca da testa.

Gostou? Não? Paciência. Paciência é uma das mais importantes qualidades do escritor. Mexa, mude, reescreva. A questão aqui é tirar Thomas Mann do texto, na tradução de José Geraldo Vieira, que, aliás, é muito boa. Excelente. Nós só interferimos. Os exercícios devem continuar, ajustando o texto à pulsação narrativa de cada um de nós. Existem muitas saídas, diversas sugestões. Além disso, se você verificou bem, Joyce e Thomas Mann vão se distanciando do texto e, pouco a pouco, vamos encontrando as nossas frases, o nosso parágrafo, a nossa cena.

5. Os movimentos narrativos

E isso é uma cena? Sim, uma cena geral em ângulo aberto, formada por, pelo menos, quatro movimentos: Duas cenas menores, um perfil físico e uma palavra de passagem.

Cena 1. Abertura: "Ela apareceu diante dele, iluminada pelo sol".

Perfil físico: "Os cabelos, puxados para trás, encobriam metade das orelhas e desnudavam a brancura do couro cabeludo, na risca da testa, revelando a maciez da face, intocada, de extrema delicadeza. Nas proximidades das orelhas caíam algumas mechas. Assemelhava-se a uma ave marinha."
Palavra de passagem: "Encantada".

Cena 2. Encerramento: "Devagar, lenta, andou em direção à praia, de onde um rapaz a observava, enquanto outras pessoas brincavam e pulavam".

E para que serve isso?
Aqui começa a duração psicológica do leitor. Na montagem da cena geral de ângulo aberto — o parágrafo — o escritor cuida de construir o leitor. Não é brincadeira, não, nem bossa, nem bobagem, é jogo de habilidade. Quem sabe fazer isso alcança ótimos resultados. Tudo começa com a minha teoria da Pulsação Narrativa (o assunto pode ser encontrado com detalhes no meu livro *Os segredos da ficção* (publicado pela Editora Agir, 2005), que é formada por três movimentos:

a) Pulsação do Personagem;
b) Pulsação da Cena; e
c) Pulsação do Leitor.

Na cena 1, o leitor conhece o movimento da personagem — para existir cena tem que haver movimento. Observe que a personagem aparece com leveza diante do leitor, provocando uma espécie de êxtase, de iluminação plena, com sutileza. *Ela apareceu diante dele, iluminada pelo sol.* O pulso é da personagem que se apresenta terna e densa. E é também da cena, pela elaboração do narrador, que não interrompe com discursos e multiplicação de imagens. E também é do leitor que recebe as informações com tranquilidade, repousando nas palavras diretas, incisivas. Está completamente capturado.

No perfil físico da personagem, a emoção não se esgota, mas a cena é interrompida. Ou seja, houve uma parada na pulsação que vinha da cena 1, porque não há movimento. Pelo contrário, o leitor fica preso e parado na descrição física da personagem. *Os cabelos, puxados para trás, encobriam metade das orelhas,e desnudavam o couro cabeludo na risca da testa, revelando a maciez da face, intocada, de extrema delicadeza. Nas proximidades das orelhas caíam soltas algumas mechas. Assemelhava-se a uma ave marinha.* Veja que a pulsação da personagem e do leitor foi interrompida. Ele, o leitor, não pode sair. Mesmo emocionado, está preso pela falta de movimento. Aí não há cena, no sentido tradicional. A cena está no sentido geral do parágrafo, a cena maior. Aí há apenas um perfil físico. E o perfil físico permite essa parada, tem essa função e causa um efeito de tensão. Tensão narrativa.

Na palavra de passagem, *encantada* — mais tarde verificaremos as frases de passagem —, o leitor é chamado a recompor o fôlego, ou seja, a pulsação narrativa, e é jogado, imediatamente, na cena 2, cuja função é provocar a integração entre os dois personagens. É claro que o narrador pode evitá-la, sobretudo num texto tão curto assim. A princípio, é isso. Aqui a questão é o exame do texto. O narrador, sutilmente, avisa que vai mudar a pulsação. Ela começou movimentada, sofreu uma interrupção, e agora vai avançar. Num texto longo isso fica muito claro. Os bons narradores atuam, quase sempre, por sutileza.

Na cena 2, o movimento torna-se livre e o narrador avisa que tem outro personagem ali, que pode ou não ser utilizado. Questão de método, é claro. O movimento está nas duas palavras iniciais: "Devagar, lenta" e a cena vai se estruturando: *Devagar, lenta, andou em direção à praia, de onde um rapaz a observava, enquanto outras pessoas brincavam e pulavam.* O andamento da frase obedece ao movimento da personagem. Ou seja, com poucas vírgulas e cedendo a novas informações: ela anda lenta, há um rapaz que a observa, e outras pessoas que brincam, pulam. O olhar obedece a uma sequência linear, sem pressa.

Observe, então, a diferença entre a cena 1 e a cena 2. Na cena 1, o momento de êxtase, de aparição iluminada. Sem muitas informações. Isso é básico, a primeira frase, que aqui é a primeira cena, não deve ser poluída, mais uma vez: com muitas informações. Na cena 2, aqui sim, um movimento lento e muitas informações que enriquecem a cena geral. Acrescenta mais dados e fecha o parágrafo com agrado. Precisão narrativa. Técnica. Habilidade.

A respeito do assunto, vejam agora o que diz Umberto Eco, no ensaio já citado:

> Um grande romance é aquele em que o autor sempre sabe em que momento deve acelerar, frear e de que maneira dosar esses movimentos de pedal no quadro de um ritmo de fundo que permanece constante.

Mas vem de A.A. Mendilow a teoria da duração psicológica do leitor e que nós estamos estudando desde que iniciamos o texto — capítulo inicial de um romance — aqui desenvolvido. Escutem bem:

> O senso de tempo do leitor é modificado pelo contexto — o número de eventos mentais ou físicos que ocupam o período ficcional que ele cobre na leitura, e o modelo pelo qual são manipulados pelo autor. Sendo as coisas bem equilibradas, um período cheio passa mais rapidamente que um período vazio. Se os eventos são agradáveis ou estimulantes, é mais provável que impulsionem a atenção do leitor para frente, e, assim, apressem mais o seu senso de tempo do que se fossem dolorosos e estimulantes inicitam-no a seguir adiante para alcançar uma fase mais agradável na vida dos protagonistas ou alguma solução final para seus problemas.
> (*O Tempo e o romance*, Flávio Wolf (trad.), Porto Alegre: Globo, 1972, p. 137.)

Digamos, então, que a cena é um período cheio e que o perfil físico é um período vazio. Por isso, o personagem e o leitor tornam-se rápidos na cena, e lentos no período vazio. Pode ser conceituação demais. Também concordo. As teorias de narrativa estão circulando de modo muito variado no mundo todo. São muitas, muitas. Aqui procuramos apenas ajudar o escritor iniciante. Não são regras fixas. São meras sugestões e devem ser exercitadas para que surjam novos caminhos.

Exercício

Tome este novo texto de Joyce e faça intervenções, modificações, interferências, porque vamos trabalhar com ele em seguida:

> Ela estava sozinha e parada, contemplando o mar; e quando lhe sentia a presença e o olhar maravilhado, volveu até ele os olhos numa calma aceitação do seu deslumbramento, sem pejo nem luxúria. Muito, muito tempo aguentou ela aquela contemplação; e depois, calmamente afastou os olhos dele e os abaixou para a correnteza, graciosamente enrugando a água com o pé, para lá e para cá. O primeiro ruído leve da água assim agitada graciosamente quebrou o silêncio; um ruído vagaroso, leve, sussurrante como os sinos do sono; para lá e para cá; para lá e para cá; um leve rubor tremulava em suas faces.
> (*Retrato do artista quando jovem*, op. cit., p. 161.)

Sexta Aula
TÉCNICA PARA EVITAR TRAVO NARRATIVO

Leia sempre os poetas. Sempre.

Não pare nunca. Com eles, você aprende a criar suas próprias estratégias, a seduzir e a encantar o leitor, a usar o pedal narrativo. Mas é preciso saber o que está fazendo: exercícios não são regras. Não existem regras fixas na ficção. São sugestões, indicações de caminhos, planejamento. A criação deve ser uma decisão exclusivamente sua.

Além disso, só uma lembrança: já leu o seu poema de hoje? Leia-o como quem reza, compreendendo cada palavra, cada verso, cada vírgula. Leia-o como o músico: nota por nota, acorde por acorde. Respire o poema.

Vamos com Manuel Bandeira?

POEMA TIRADO DE UMA NOTÍCIA DE JORNAL

> *João Gostoso era carregador de feira livre e morava no morro*
> *Da Babilônia num barracão sem número*
> *Uma noite ele chegou no bar Vinte de Novembro*
> *Bebeu*
> *Cantou*
> *Dançou*
> *Depois se atirou na Lagoa Rodrigo de Freitas e morreu afogado*
> (*Obra completa*, Rio de Janeiro: Nova Aguilar, 1993, p. 214.)

Leia com os olhos abertos. Depois com os olhos fechados. Observe a rapidez narrativa. O pedal que acelera e controla a velocidade.

E já leu a sua cena de hoje? Faça a mesma coisa: leia-a também como quem reza, amando cada palavra, cada verbo, cada pronome, cada frase, cada movimento. Deixe tudo circular no seu sangue. Depois respire fundo e vá à luta.

Vamos ler a cena inicial de *Silvia*, de Gérard de Nerval, e entender palavra por palavra. Observe o imperfeito (acabava), em seguida o indefinido (um), o pronome reflexivo (se), além do símile "como um pretendente apaixonado". Clima vago, de oscilação e dúvida:

> *(Eu) Acabava de sair de um teatro onde, todas as noites, sentava-se nas primeiras filas da plateia, vestido a rigor como um pretendente apaixonado.*
> (Luís de Lima (trad.), Rio de Janeiro: Rocco, 1986, p. 9.)

Leia, examine e reflita.

Um aviso importante e insistente: nos primeiros movimentos — ou no Impulso — não se preocupe logo, de imediato, com as técnicas, elas estão sendo examinadas para que você as conheça e, mais tarde, a seu modo, possa adotá-las ou não.

Em princípio, procuramos explicar que não se deve esperar pela inspiração. Basta o Impulso. Escrevemos muito. E muito. Sem preocupações. Daí o exercício para destravar, usando textos consagrados e interferindo. Tratando de encontrar o nosso texto. Às vezes lendo, lendo, depois fechando os olhos por um segundo, por um minuto. E depois escrevendo. Em absoluto estado de graça.

Uma palavra aqui, outra ali, uma frase em seguida, uma expressão mais solta. Lentamente. Sem muita preocupação com a qualidade, que só começa na Intuição. Aí sofremos um pouco com a angústia criadora. Risca palavra, acrescenta palavra, mexe que mexe. E a solidão no final do dia ou no final da noite. E agora? Uma oficina literária ajuda muito. Até porque o Impulso e a Intuição todos nós temos. Sem problema. O desejo, a vontade. Basta querer. Pronto.

E depois a Técnica. Mais tarde a Pulsação. Até que já falamos de Pulsação Narrativa, mas o aspirante a escritor deve ter calma.

Não é hora de se torturar com isso. Basta saber que as técnicas existem. E não se pode relaxar. É preciso estudar e fazer exercícios.

1. Dominando o ofício e a técnica

Veja o que Ariano Suassuna escreve na *Estética*:

> É que, de fato, para entendermos bem a verdadeira natureza das regras da Arte, temos de verificar que a criação artística, una em si mesma, reparte-se, porém, por três campos, três momentos de importância crescente: o campo do ofício, o da técnica e o da forma, este último tomado no sentido filosófico e que é estritamente ligado à imaginação criadora.
> (Rio de Janeiro: José Olimpio, 2004, p. 261.)

Sem dominar o ofício e a técnica pode-se escrever bem, muito bem, mas não há conhecimento interior que leva ao aperfeiçoamento. Ninguém é perfeito, claro. Não se pretende isso. O esforço, no entanto, deve ser feito. Com o máximo de perícia. E de perícia técnica, é claro. Conhecendo-se, por exemplo, todo o material que será preciso para se escrever um conto, por exemplo. As variações, as variedades técnicas.

Ariano Suassuna acrescenta:

> Existem outras Artes em que se distingue menos facilmente o ofício da técnica. As Artes literárias são dessas. Mas, para apresentar didaticamente o problema, pode-se explicar, por exemplo, que, no caso da Poesia, ofício será o conhecimento do idioma e de suas possibilidades, dos gêneros poéticos, o processo rítmico que consiste no emprego da métrica e das acentuações etc. Quer dizer: o poeta não é obrigado a fazer um soneto. Mas, se ele vai fazer um soneto, precisa saber que o soneto tem catorze versos divididos em dois quartetos e dois tercetos, e que, na tradição do Português, seus versos são de dez sílabas. E assim por diante.
> (*Estética*, op. cit., p. 262.)

Ora, se um poeta, para escrever um soneto, precisa conhecer a técnica, por que nós devemos ficar na mera inspiração? Não mesmo. Se queremos escrever prosa de ficção, devemos conhecer as cenas, os cenários, os perfis, os diálogos, os personagens etc.

Até porque um texto é construído, claro, pelo narrador, e depois é que vem a técnica. Se não a conhecemos, como fica? Por isso a necessidade de se atender ao Impulso. Aqui é preciso escrever tudo que se tem vontade. Independentemente de organização e do jeito. Somente depois, na Intuição, é que os problemas começam a se apresentar. Quando o texto é materializado.

Recorremos, mais uma vez, a Umberto Eco:

> Quem escreve (quem pinta, esculpe, compõe música) sempre sabe o que está fazendo e quanto isso lhe custa. Sabe que deve resolver um problema. Pode acontecer que os dados iniciais sejam obscuros, pulsionais, obsessivos, não mais que uma vontade ou uma lembrança. Mas depois o problema se resolve na escrivaninha, interrogando a matéria sobre a qual se trabalha — matéria que possui suas próprias leis naturais, mas que ao mesmo tempo traz consigo a lembrança da cultura que está embebida (o eco da intertextualidade).
> (*Pós-escrito ao O Nome da Rosa*, op. cit., p. 13)

E, de repente, a gente para. As coisas estavam indo tão bem e não sabemos mais como escrever o nosso capítulo. Agora mesmo está acontecendo com a gente. Não se escandalize. Talvez um copo d'água ou um cafezinho, uma passada no banheiro. Vamos "interrogar a matéria sobre a qual se trabalha". Isso mesmo. Interrogar a matéria sobre a qual se trabalha. Qual é a dificuldade? Como ela apareceu? De onde veio?

Daí a importância do Impulso. Somente depois que materializamos o texto é que conhecemos as dificuldades. Eco tem razão: criamos um problema. Mas sem problema, como é que se faz?

Precisamos, então, investigar o que estamos escrevendo e suas possibilidades.

Desde aquele primeiro momento, relembrando, e relembrando sempre, em que você foi à mesa e escreveu:

> Ela anda em direção à praia.

E agora? O que fazer? Você ainda está confuso, não está? Paciência. Vai a um texto clássico e começa a rabiscar. Interfere, coloca uma palavra, cria uma frase, circula no texto. Distribui palavras, junta as palavras, sai um texto confuso, desordenado. Volta a procurar o autor consagrado para as costuras. Tudo isso com muita paciência. O consagrado vai desaparecendo aos poucos, sumindo. Você agora tem o seu próprio texto. Volta a travar. Então prossiga. Procure outros autores, novas cenas. Como vamos fazer agora.

Você fez o exercício com aquela cena que apresentei? Tudo é exercício. Escritores se exercitam muito. Sem trégua.

Mas, enfim, travou. Os escritores mais experientes também travam muito. É natural. Alguns deixam até o texto dormir por muitos anos, por muito tempo. Não é o nosso caso agora, com certeza. Somos estrategistas.

Uma leve parada, por favor. Não se preocupe. É que me lembrei de uma coisa e fui buscar o livro na estante. Não me tire essa alegria, por favor. Isso é bom para reflexão. Acompanhe comigo o que Antônio Candido escreveu no prefácio a *O amanuense Belmiro*, de Cyro dos Anjos:

> O Sr. Almeida Salles publicou certa vez em "Planalto" um dos rodapés mais inteligentes que têm aparecido na imprensa periódica de São Paulo, no qual aplica à nossa literatura a distinção de Valéry entre escritores "estrategistas" e escritores "Táticos", alongando-se em reflexões muito agudas e muito justas sobre a natureza da criação literária. Os nossos autores, segundo o Sr. Almeida Salles, pertencem quase na totalidade ao segundo grupo, isto é, o composto pelos dotados de talento e habituados a construir segundo o influxo dele, no primeiro movimento da inspiração. Guiando-se quase apenas pelo instinto, opõem-se desse modo aos do primeiro grupo, que veem na criação o aflorramento definitivo de um largo trabalho

anterior, baseado em anos de meditação e de progressivo domínio dos meios técnicos.
(*O amanuense Belmiro*, Rio de Janeiro: José Olympio, 1979, p. 9.)

Na qualidade de estrategistas, vamos perguntar a nós mesmos: por que travamos?

O texto travou, o escritor travou. Sim, isso mesmo. Olho no texto, palavra por palavra. Agora você já sabe, descobriu. Travamos porque não conhecemos a personagem. Não o suficiente. Ou seja, escrevemos juntos com Joyce e Thomas Mann, criamos o nosso próprio texto, e não temos como prosseguir.

Veja logo aí o segundo texto de Joyce, que nos faz examinar a personagem. Ela olhou também o rapaz. Olhou, sim. A nova cena de Joyce é um verdadeiro e absoluto esquema dos olhares, que estudaremos a seu tempo.

E ela olhou de que maneira? Vejamos:

> Ela estava sozinha e parada, contemplando o mar; e quando lhe sentiu a presença e o olhar maravilhado, volveu até ele os olhos numa calma aceitação do seu deslumbramento, sem pejo nem luxúria. Muito, muito tempo aguentou ela aquela contemplação; e depois, calmamente afastou os olhos dele e os abaixou para a correnteza, graciosamente enrugando a água com o pé, para lá e para cá. O primeiro ruído leve da água assim agitada graciosamente quebrou o silêncio; um ruído vagaroso, leve, sussurrante, leve como os sinos do sono; para lá e para cá, para lá e para cá; um leve rubor tremulava em suas faces.
> (*Retrato do artista quando jovem*, op. cit., p. 161.)

Ocorre que conhecemos a personagem de Joyce em apenas dois parágrafos. Se mudamos com as interferências no primeiro parágrafo as palavras, as frases, a narrativa, então a personagem agora é nossa. Não há mais aquela visão de uma ave marinha, cheia de plumas macias. Ah, não? A ave marinha continuou. Bem, se é assim, voltamos ao nosso texto e o retiramos de vez e para sempre:

Assemelhava-se a uma ave marinha.

E agora nem mais recordação. Havia alguma coisa sobrando mesmo. Cai esta frase e tudo nos pertence. Todas as palavras, as vírgulas, os pontos. Assumimos a paternidade.

Vamos trabalhar a nossa personagem. Antes de pros-seguirmos, para o nosso domínio e para o nosso controle, trabalharemos o *conteúdo material*.

Foi o que a gente aprendeu na primeira aula. Lá no início, no começo. Praticando o que teorizamos.

A personagem está exposta, está junto da gente e não evoluiu porque não a conhecemos. Estamos apenas na superfície. Aí travou. É um travo natural, comum.

Você já recorreu aos clássicos, fez intervenções, rabiscou, criou uma primeira frase, voltou a Joyce, viu a personagem, a personagem também viu o personagem, escreveu outra frase, cerziu frases com ajuda de Joyce e Thomas Mann, mas agora não sabe o que fazer.

2. Vamos decidir o conteúdo material

Quem é essa moça? É preciso defini-la? Para efeito de conhecimento do autor, para o seu conhecimento, sim. É importante. Faça anotações:

> Alta, magra, não foi o que Joyce sugeriu? Morena? Sim, parece que sim. Nem tanto...

> *as pernas eram delicadas... claras... o peito era o de um pássaro... de um pombo de penas negras...*

Confunde um pouco, não confunde? Coincide com o recorte do jornal? Assim é necessário que ela perca as características joycianas e assuma as nossas. Não? Se quiser, se achar conveniente, siga os olhos do rapaz e aí vai encontrar muitos símiles, e depois cruze com as informações de Thomas Mann, em seguida com as nossas.

Se foi assim com o texto, por que não pode também ser com a estrutura da personagem? Sim, ela é a personagem de Joyce, com características trazidas por Thomas Mann, e também a nossa personagem. Não a conhecemos bem. Por isso travou. Use os seus olhos e os olhos do personagem, além dos olhos de Joyce e Thomas Mann.

Estudante? Cabelos bem penteados? Você gostaria que ela tivesse um sinal, uma tatuagem, algo que somente o personagem conhecesse? Faça isso, ela está lá no segredo do personagem. Anote, mas não diga ao leitor. Talvez nem seja necessário. Você gosta de esoterismo? Por que não traça o perfil psicológico por meio, digamos, de um horóscopo? Vá com calma.

Descubra os hábitos.

Gosta de praia? Vai ali frequentemente? Ou está ali por acaso? Como se veste no dia a dia? Vem de onde? Gosta de brincar, ironizar, uma pessoa alegre? Aquele ar de tristeza é apenas momentâneo? Antes de qualquer coisa, converse com ela. E sendo assim tão bela, a conversa é ainda melhor. Também se cria um personagem conversando com ele. Aquelas longas conversas que Guimarães Rosa tinha com vaqueiros era para transformá-los em personagem. Ou em personagens. Não tenha medo do ridículo. Converse e anote. Ouça-o. Ouça-a.

E ele, quem é? É o narrador, é você? Pergunte também. Conversem todos, questionem, indaguem.

Quando descobri o rosto da minha personagem Camila, anotei no caderno: "Camila nasceu em 9 de março de 2006, entre oito e nove horas da manhã. Portanto, é de peixes". Fui ao meu manual, pesquisei as características de uma pisciana, e procurei saber o que o nome significava: "Aquela que foi criada nos bosques e alimentada com leite de égua". Um nome bom, saudável, para uma personagem que devia ter um comportamento forte, quase selvagem.

Procure também o seu modelo. Não é aquele modelo dos desfiles de moda não, é o modelo literário. Aliás, pode até ser um modelo de desfile, que deve se transformar em modelo literário. Ou pode ser o modelo joyciano. E não queremos agora nos livrar dele, não é? Afaste-se um pouco. Procure definir o rosto que você escolheu no recorte do jornal e descreva-o fisicamente. Assim.

Revele os cabelos, a testa, o nariz, a boca, a face. Exercício, exercício, exercício. Não seja tão exigente, escreva fácil: cabelos soltos num rosto seguro, que apresenta uma testa lisa, sem marcas, encimando os olhos negros, com cílios longos etc. Não é assim, não? Claro, esta é a minha personagem. Faça a sua. Não tenha medo. Tudo feito com lentidão. Com suor. Assim mesmo: os seus olhos talvez não coincidam com os olhos de Joyce, nem com os de Thomas Mann. Continue: queixo suave, boca de lábios finos, nariz perfilado.

> Hoje em dia é uma coisa assentada que todos nós somos gênios. Mas o que é certo é que não sabemos mais desenhar uma mão e ignoramos tudo a respeito de nosso ofício.
> (Degas, o pintor, citado por Ariano Suassuna em Iniciação à estética, Rio de Janeiro: José Olympio, 2004, p. 263)

Traçamos o perfil físico e agora trabalharemos o perfil físico--psicológico. Examinem os exemplos que temos bem perto de nós e que nos ajudam a refletir. No perfil físico, Joyce usou mais os símiles, e Thomas Mann as formas concretas.

Joyce usou as imagens por comparação, em símile:

> *Era como... uma estranha e linda ave marinha... as suas pernas... eram... delicadas... como... as de uma garça... as coxas... era como penugem de alva e macia pluma... o peito... era como... o de pombo de penas negras...*

Thomas Mann preferiu ser concreto, direto:

*Os cabelos, puxados para trás, encobriam metade das orelhas...
desnudando na risca da testa a brancura do couro cabeludo...*

No perfil físico, a exatidão de Thomas Mann foi preciosa porque parou a duração psicológica do leitor. Fez uma pausa, a narrativa sofreu uma interrupção. No perfil físico-psicológico é permitido o alongamento psicológico porque, embora o personagem esteja parado, a movimentação psicológica continuou. Portanto, em Joyce, o perfil físico-psicológico permite uma certa ilustração do personagem, sobretudo no uso dos sucessivos símiles, algo parecido mesmo com uma correnteza, uma onda. Não esquecer que ele se refere a uma correnteza.

Apareceu diante dele no meio da correnteza...

E transforma a pulsação narrativa também em correnteza. É como se o leitor estivesse dentro das águas. E, mesmo assim, não é um perfil psicológico porque as imagens não correspondem a efeitos mentais da personagem. Não revelam sua estrutura interior. São jogadas para o exterior. Criam a pulsação do leitor.

É uma técnica extremamente sofisticada. De quem estava se preparando para revolucionar a literatura. Além disso, permite que o personagem também permaneça na correnteza por exaltação e participação. Se a cena for lida da perspectiva do personagem, o leitor percebe como o efeito é estonteante.

3. Começa o conteúdo literário

Então saímos do perfil físico para o perfil físico-psi-cológico, de acordo? Thomas Mann chama isso de recheio do personagem. Releia os exemplos que discutimos. Não se preocupe, de imediato, com a aplicação técnica. O que vai fazer com os perfis na montagem do capítulo é preocupação futura. Escreva e escreva. Continue. Reúna a personagem de Joyce, a de Thomas Mann e a sua.

Quando criamos um personagem começamos dessa maneira: primeiro o Impulso, ou seja, o personagem segundo nossos olhos; e da Intuição, e depois a Técnica, o personagem segundo os olhos da personagem e de outros personagens. Só mais tarde a Pulsação.

O segundo texto de Joyce cria condições para o início da investigação.

> Muito, muito tempo aguentou ela aquela contemplação.

Quanto tempo? Muito, muito tempo. Mas como? Apenas uma contemplação rápida, que demora, fisicamente, menos de um parágrafo, mesmo que ele tenha tido tempo para traçar o perfil físico através dos símiles ("Era como, era como, era como"). Face, cabelos, pernas, coxas, saiote, peito. Faltam ainda as nuanças literárias, mas não revelam, a rigor, seu comportamento mental.

Assim: o tempo dele é físico e o dela psicológico. Não é mesmo? Nele o período é cheio, nela é vazio. O tempo não é preenchido por digressões. O personagem masculino, em êxtase, viu a moça transformada magicamente numa ave marinha. A moça, no entanto, viu o olhar maravilhado e durante:

> Muito, muito tempo aguentou o olhar.

Não há referência ao físico do personagem masculino. Pelo contrário. Veja que interessante: o olhar do personagem que reaparece logo no texto e olha outra vez a moça. E há gestos? Há gestos. Com certeza, sim. Nenhuma referência do tipo ela pensou, ela imaginou, ela acreditou. Puramente:

> Muito, muito tempo...

O tempo psicológico da personagem, uma moça que em poucos segundos é capaz de percorrer um universo de situações, de sensações e de imagens, com lentidão ou com incrível dilatamento mental, que ali se realiza, em branco, numa elipse narrativa. Os gestos completam a personagem, com um movimento que seguramente a revelam.

4. Esquema dos olhares

> ... enrugando a água com o pé, para lá e para cá... leve como os sinos do sono... para lá e para cá, para lá e para cá...

Essa construção, todavia, pertence aos "olhos" do perso-nagem, agora é ele que vê, o "olhar" anterior pertence a ela, é dela. Estou certo? Veja que maravilhosa sutileza narrativa. Aqui se realiza o "esquema dos olhares". No primeiro parágrafo, o perfil físico com nuanças literárias através de símiles, e através das formas concretas, e, no segundo parágrafo o perfil físico-psi-cológico, através do esquema dos olhares. O perfil físi-co-psicológico se completa com o personagem.

No primeiro movimento ela

> *sentiu a presença e o olhar maravilhado, volveu até ele os olhos...*

No segundo movimento, ele a vê:

> *... graciosamente enrugando a água com o pé, para lá e para cá... para lá e para cá... para lá e para cá...*

E a cena é concluída com uma frase que reúne os dois:

> *um leve rubor tremulava em suas faces.*

Ou apenas na face dela?

O "efeito correnteza" da narrativa, com o "pé para lá e para cá", que remete a todo o movimento do texto e, em consequência, dos personagens, é realizado desde a primeira frase do primeiro parágrafo:

> Ela apareceu diante dele no meio da correnteza, sozinha e quieta, contemplando o mar.

Porque é o movimento mesmo da correnteza e de uma onda, que se curva e se abre e se fecha sobre si mesma, no momento em que esta frase é retomada na abertura do segundo parágrafo, escrito da mesma maneira, mas agora sob a pers-pectiva da personagem:

> Ela estava sozinha e parada, contemplando o mar.

A frase faz uma curva em torno de si mesma, passa por dentro, e retorna ao alto, semelhante às ondas. Novamente vem de cima, do primeiro parágrafo, na face exposta do texto, no perfil físico, para atingir o perfil físico-psicológico e psicológico, para voltar por dentro, escondida, até reaparecer no começo do primeiro parágrafo e retornar escondida. Movimento de onda. Pura onda.

Apenas a palavra "quieta" é substituída por "parada". Talvez num cuidadoso escrúpulo do tradutor. Portanto, o perfil físico--psicológico se fecha e abre caminho para o perfil psicológico. Igual ao movimento das ondas. Igual ao mo-vimento do texto. Igual, assim, ao movimento dos olhares. Enfim:

    a) Pulsação do personagem;
    b) Pulsação da cena;
    c) Pulsação do leitor.

E, no final do segundo parágrafo, a perfeita interação dos textos e dos personagens. O rubor "em suas faces". Na face dos dois, na face dos textos, na textura dos movimentos. Na face do leitor. Na face dele.

É claro que não estamos pedindo ao escritor iniciante esta habilidade. A informação vale mais pelo exemplo.

E nós, como faremos?

5. A definição da personagem

Na verdade, o exemplo foi para ajudar na construção da personagem ou dos personagens. Discutimos isso na segunda aula. E passamos para o *conteúdo literário*, com habilidade. *Conteúdo material* e *conteúdo literário* vão se ajustando.

Agora você tem dois parágrafos: um seu, outro de Joyce. Muito bem. Comece, então, a destravar. Definiu a perso-nagem?

Faça o seu exercício, conforme a sua decisão. Fez? Traçou o perfil físico, olhando a foto no recorte do jornal? Faça perguntas ao personagem: que sensação lhe passa uma moça com este rosto que você criou no primeiro parágrafo, substituindo os termos e intervindo nos textos de Joyce e Thomas Mann?

Uma pessoa ainda bela e calma, elegante e terna? Que sentimentos lhe ocorrem ao observar uma pessoa com essas características físicas e psicológicas?

Aproveite o texto de Joyce, o segundo parágrafo, e comece a escrever outra vez. Está lembrado?

> Ela estava sozinha e parada, contemplando o mar. *(Ela) apareceu diante dele, iluminada pelo sol.* E quando lhe sentiu a presença e o olhar maravilhado, volveu até ele os olhos numa calma aceitação do seu deslumbramento, sem pejo nem luxúria. *E, de repente, sentiu que era observada e, com segurança e ternura, enfrentou o olhar determinado.* Muito, muito tempo aguentou ela aquela contemplação; e depois, calmamente, afastou os olhos dele e os abaixou para a correnteza, graciosamente enrugando a água com o pé, para lá e para cá. *Tentou por diversas vezes compreender o que estava acontecendo, mas logo desviou os olhos, em busca de uma*

resposta clara, distraindo-se com a água. Um ingênuo, apenas um ingênuo. O primeiro ruído leve da água com o pé graciosamente quebrou o silêncio. A pequena onda vinha e voltava, tocando nos pés. Um ruído vagaroso, leve, sussurrante, leve como os sinos do sono: para lá e para cá, para lá e para cá, para lá e para cá; um leve rubor tremulava em suas faces. Interrompendo o silêncio. Talvez pudesse apenas perguntar seu nome. Brincar com ele, o pobre menino. Até o momento em que os olhos se encontraram. Ficaram assustados.

Nosso texto:

Apareceu diante dele, iluminada pelo sol. De repente sentiu que era observada e, com segurança e ternura, enfrentou o olhar determinado. Tentou por diversas vezes compreender o que estava acontecendo, mas logo desviou os olhos, distraindo-se com a água. Um ingênuo, apenas um ingênuo. A pequena onda vinha e voltava, tocando-lhe nos pés. Interrompendo o silêncio. Talvez pudesse apenas perguntar seu nome. Brincar com ele, o pobre menino. Até o momento em que os olhos se encontraram. Ficaram assustados.

Tendo conhecido melhor a personagem, respondendo às perguntas, na conversa, no *conteúdo material*, você pôde construir a personagem no *conteúdo literário*. Percebeu que ela é uma pessoa que gosta de ironias, porque soube antes, mas, mesmo assim, ficou assustada com os olhos dele. Traçou um legítimo perfil psicológico. E pode avançar no conto, inclusive recorrendo a diálogos.

Exercício

Vamos tentar, em casa, definir o caminho do capítulo que estamos criando juntos. Temos dois textos e dois personagens. De logo, tente fazer eles conversarem. Está lembrado da aula? Tente, tente, na outra aula falaremos disso.

Releia o poema de Manuel Bandeira e a cena de *Silvia*. Releia, por favor, como um músico solfeja: nota por nota.

Sétima Aula
COMO SÃO FEITOS OS DIÁLOGOS

Agora já temos elementos para começar um romance, não é? Estudo e disciplina.

A) Primeiro uma foto antiga, um recorte de jornal, um cartaz, álbum de família. Nunca esqueça, dê o físico e em seguida a voz. Uma voz: de alguém da família, de um parente, de um amigo. Ouça-a. Trabalhe com ela. Voz e timbre. Prepare a personagem, prepare a história.

B) Uma história de jornal, quem sabe? Pesquise, pesquise, pesquise.

C) Mas não se acanhe em pedir ajuda aos clássicos. Você está estudando, aprendendo. Imita, apaga, esquece.

D) Dê vida ao personagem estudando a duração psicológica, o físico, a voz. Escreva, reescreva, rasgue.

E) E leia, leia muito, continue lendo. Poemas e cenas. O estudo de poemas e cenas é essencial. Escute muito. Lendo e estudando.

F) A gente vai estudar direitinho como é que se ajusta um poema e uma cena. Devagar.

* * *

E antes dos estudos do poema e da cena de hoje, vamos lembrar o drama de João Gostoso no texto de Manuel Bandeira. Rapidinho. Recordam que ele "bebeu, cantou, dançou", numa cena rápida, não é? Eficiente e decisiva. Poderia ser mais rápida do que a morte de Dom Quixote, na manifestação dos seus amigos e familiares? O que está escrito, enquanto ele morria?

> *Andava a casa alvorotada; mas com tudo isso, a sobrinha ia comendo, a ama bebendo, e Sancho Pança folgando.*

O tom e o ritmo decidem a cena com incrível economia de palavras e de ações, e com eficiente solução narrativa. A primeira tratada no pretérito perfeito ("bebeu, cantou, dançou") e a segunda no gerúndio ("comendo, bebendo, folgando". A questão é verificar de que forma mais eficiente o pretérito perfeito ou o gerúndio podem alcançar mais efeito numa cena. Numa cena do seu romance. Não se esqueça de que você está escrevendo um romance, desde a cena inicial. Desde o capítulo inicial.

Só mais uma palavrinha: observem que o pretérito perfeito expõe a cena e o gerúndio esconde.

* * *

Agora vamos ao poema e à cena de hoje, também com Manuel Bandeira.

> *O bicho*
>
> *Vi ontem um bicho*
> *Na imundície do pátio*
> *Catando comida entre os detritos.*
> *Quando achava alguma coisa,*
> *Não examinava nem cheirava*
> *Engolia com voracidade.*
>
> *O bicho não era um cão.*
> *Não era um gato,*
> *Não era um rato.*
>
> *O bicho, meu Deus, era um homem*
> (Obra completa, op. cit., pp. 283-4.)

Vamos passar para a cena, seguindo o exemplo que estamos estudando. A cena, desta vez, é do que meu romance *O senhor dos sonhos*, de 1989, com seis edições publicadas pela Editora Atual, de São Paulo, e mais três edições pela Bagaço, do Recife.

> *Assistiu quando uma delas, olhos de ferocidade que se iluminaram dentro da noite, disputou um pedaço de melancia com um cachorro. O animal ainda derramava o suco avermelhado pelos cantos da boca e defendia-se mostrando os dentes alvos e pontudos.*
>
> *O bicho grunhiu, mas afastou-se. Olhos de cão ressentido. Domingos, no entanto, apanhou um tomate estragado e, sem que a mulher percebesse, pois outra vez já se encontrava debruçada sobre a lama de comidas podres; protegido pela escuridão, ofereceu o fruto ao cão.*
>
> (Recife: Bagaço, 2000, p. 23.)

Está vendo como o poema de Manuel Bandeira e a minha cena têm parentesco? Não há cópia, não há imitação, não há vulgaridade. Se aparentam mas são completamente diferentes. Os movimentos são outros. A mulher cata lixo, mas o homem se solidariza com o bicho e oferece fruto ao cão. Por isso, é preciso estudar sempre poemas e cenas. Mas estudar. Não apenas ler. E ambas usando o pretérito perfeito.

Rapidez das palavras, tempo verbal, sequência. E a emoção. Escute isso, por favor: a emoção está no texto, sem adjetivos eloquentes, sem lágrimas. Faça isso. Leia. Respire. Leia de olhos fechados. E respire. E analise palavra por palavra. Verbo por verbo. O que é o verbo numa frase? Para que serve o tempo verbal? Pontuação por pontuação. Deixe o poema e depois a cena circularem no seu sangue.

Faça isso.

Procure o seu poema e a sua cena. Nos autores que mais ama. Que mais admira. Nas próximas aulas vamos ver esse estudo com mais atenção. E faça a distinção sempre entre *conteúdo material* e *conteúdo literário*. Entre estética e verdade. Vá fundo.

Estude a cena e procure a emoção estética. Sempre.

* * *

Na aula de hoje ainda trataremos do personagem. Não custa nada, portanto, repensar sua criação e movimentação. Nunca é demais. Relembrança e recriação.

Recorro a Osman Lins, que trata do assunto na abertura de *Avalovara*. Aqui ele é mágico e elegante. Vejam bem: nós temos os nossos recortes de jornal, trabalhamos o *conteúdo material*, podemos avançar. Até porque recorte de jornal é apenas recorte de jornal. Só aos poucos cria vida, não é verdade? Pense, pense na voz. Na voz e no timbre do personagem.

E como serão os movimentos de um autor e de seu personagem — ou seus personagens — para que ele — elas — crie — criem vida? Como o personagem sai do limbo para a realidade? Para além de um rosto no papel, sofrer e amar? Para nos fazer companhia em tantas noites insones? E para fazer parte também da nossa vida?

Veja que legal. Veja mesmo. Acompanhe, ponto a ponto, o nascimento do personagem. Assim feito quem sai do ventre.

> No espaço ainda obscuro da sala, nesta espécie de limbo ou de hora noturna formada pelas cortinas grossas, vejo apenas o halo do rosto que as órbitas ardentes parecem iluminar — ou talvez os meus olhos: amo-a — e os reflexos da cabeleira forte, opulenta, ouro e aço. Um relógio na sala e o rumor dos veículos. Vem do Tempo ou dos móveis o vago odor empoeirado que flutua? Ela junto à porta, calada. Os aerólitos, apagados em sua peregrinação, brilham ao transpassarem o ar da Terra. Assim, aos poucos, perdemos, ela e eu, a opacidade. Emerge da sombra a sua fronte — clara, estreita e sombria.
>
> Surgem, onde, realmente — vindos, como todos e tudo, do princípio das curvas —, esses dois personagens ainda larvares e contudo já trazem nos rostos apenas adivinhados, o sinal do que são e do que lhes incumbe? A porta junto à qual se contemplam ou

avaliam face a face, rodeados de sons, cheiro de pó e obscuridade, é limiar de quê?

Ingressam ambos na sala e talvez, ao mesmo tempo, no espaço mais amplo, conquanto igualmente limitado, do texto que os desvenda e cria.

(Osman Lins, *Avalovara*, São Paulo: Melhoramentos, 1975, p. 13.)

Feita uma leitura mais aproximada, uma leitura técnica, com uma pinça entre os dedos, observem: no princípio a personagem está prestes a atravessar a cortina, e é apenas um halo — um rosto em formação —, vai surgindo no tempo — o relógio e o tempo, referidos —, "parada junto à porta, calada". Parecem pequenos meteoritos apagados mas que "brilham ao transpassarem o ar da Terra". Ou seja: chega ao papel através do teclado do computador. É ao mesmo tempo matéria e luz. Perde a opacidade — ela e o criador, ela e o narrador — e emerge "clara, estreita e sombria".

Aparecem — os dois personagens mostrados apenas na frase interna — "ela e eu" —, ainda larvas. Enfim, ingressam, definitivamente, no "texto que os desvenda e cria".

Isso tudo aconteceu com a gente. Acontece com todos. Sempre acontece. Vimos, a princípio, uma foto no recorte do jornal e a verdadeira personagem, aquela que vive e canta, foi primeiro um halo, na nossa imaginação, e depois de aerólito apagado ganhou força e luz, esteve com a gente — eu e nós — até ingressar no papel.

E mais, muito mais: apareceu diante de nós e diante do personagem — ela e eu, nós — para se materializar. Contamos com a ajuda de Joyce, e depois com Thomas Mann, e finalmente com as nossas palavras e nossas possibilidades.

Por isso estamos escrevendo um capítulo inicial.

Fizemos a introdução, o primeiro parágrafo com a ajuda deles, e escrevemos o segundo parágrafo com a colaboração de Joyce. Você viu, então, que o nascimento da personagem se dá de forma equilibrada.

1. Os personagens falam

Preste atenção.
Ela está surgindo e você abriu a cortina. Ou melhor, está abrindo a cortina. Já, já, ela está entre nós. De propósito saí do pretérito perfeito para o presente do indicativo. A precisão narrativa tem que ser imediata. O que se dá? Você vê o halo do rosto.
Esta personagem que é apenas e ainda um recorte de jornal brilha ao ultrapassar "o ar da Terra". Emerge "da sombra a sua fronte — clara, estreita e sombria".
Aparecem, então, "esses dois personagens ainda larvares". Ingressam no "texto que os desvenda e cria".
Osman Lins conhecia muito bem a estrutura de um romance, e é ele mesmo quem adverte para o fato de que os dois capítulos iniciais de "S. Bernardo", de Graciliano Ramos, são aulas de criação literária. Não é por menos que dá essa mesma aula na abertura do seu livro mais famoso. E ainda precisando ser completamente desmontado e remontado.
Na conquista do novo texto, usamos as nossas palavras, inicialmente tomada de empréstimo a Thomas Mann e a Joyce. Avançamos. Avançamos muito. E bem. Você percebe, com clareza, que destravamos e que estamos em busca de outras conquistas. Com certeza. Por isso, vamos tratar agora do diálogo. Personagem fala? Fala. Entregue as palavras a ele ou a eles. Sem questionar. Personagem fala a seu modo. Siga o caminho dos dois.
Você fez o exercício que pedimos? Mais uma vez e sempre: exercício é decisivo. Não só destrava — ajuda a compreender o processo criador. Ter uma visão objetiva desse processo é definitivo.
Terminamos o segundo parágrafo com os dois assustados. Trocaram olhares e ficaram assustados. Estão próximos agora, bem próximos. Mas ela não estava andando, devagar, lenta? Foi assim que terminou o primeiro parágrafo.
Ela estava andando ou estava parada? Sim, isso não impede que ela pense, ande devagar e brinque com a água. Está bem assim?

Não, não está bem assim? Vamos fazer uma coisa: vamos mexer no texto, afinal de contas ele agora é nosso, somente nosso.

Então, a última frase do primeiro parágrafo passa para a última frase do segundo parágrafo.

Assim:

> ... Ficaram assustados. Devagar, lenta, andou em direção à praia, de onde um rapaz a observava, enquanto outras pessoas brincavam e pulavam.

"Ficaram assustados" — última frase do segundo parágrafo. "Devagar, lenta, andou em direção à praia, de onde um rapaz a observava, enquanto outras pessoas brincavam e pulavam" — última frase do primeiro parágrafo, que passa a ser a última do segundo parágrafo. Só depois é que ficam assustados, ela anda. Melhorou, não foi? Dá maior mobilidade e o texto não fica parado enquanto a personagem anda. E aí eles se encontram, não é mesmo?

Uma anotação importante: no plano da criação nada é fixo. Enquanto se está criando, tudo pode ser mudado. Deslocamos frases, mudamos a posição dos parágrafos, alteramos a caracterização dos personagens. Não há nenhum problema nisso. Aliás, há solução. Sempre que for necessário, faça isso sem nenhuma preocupação. Antes da redação definitiva os textos mudam muito. Daí, fique tranquilo.

Nós vamos mudar muito. Com certeza.

Agora os personagens falam. Concordo, fazer o personagem falar no primeiro momento é meio complicado mesmo. Porque a fala parece trazer o texto para muito próximo da realidade. É sempre assim. Até porque a fala é um som, é uma voz, carregada de sentido e forma, e aí a gente se perde um pouco.

Imagine um instrumento que desandasse a tocar sozinho no meio de uma orquestra. Portanto, primeiro faça anotações. Frases soltas, palavras vazias. E vai ajustando, ajustando, ajustando, até encontrar a voz do personagem.

Não precisa dizer que ele fez um sinal, ela parou e ele falou. Nada disso, vá direto ao assunto. Fala. E pronto.

— Gostei muito da ave em sua coxa.
— É uma garça, gosta mesmo?
— Parece ter plumas de verdade.
— É uma tatuagem muito benfeita mas você não me parece estranho, passei muito, muito tempo lhe observando.

Agora os dois têm uma voz. Mas que história é essa de tatuagem? Ah, sim, você escondeu a informação do leitor para colocá-la no diálogo, na abordagem do personagem, relembrando aquele texto de Joyce e que desapareceu completamente. Muito bem. Maravilha. E não fica aquela coisa chata de relatar tudo o que vê, tudo que observa, tudo que sente.

Isso é muito legal porque uma informação que estava num texto superado, agora aparece para enriquecer outro. Não fique preocupado. Escrevi cinco versões do meu romance *Ao redor do escorpião... uma tarântula* (São Paulo: Iluminuras, 2003) e apaguei e revelei várias, muitas informações. Sempre faço isso.

E ela, hein? Só comentou, com uma interrogação, a afirmação do personagem. E revelou, enfim, o que esteve pensando naquele período elíptico, durante "muito, muito tempo". Conhecia-o, o corpo não era estranho. Um jovem.

Ela? Naturalmente uma jovem também. É assim que se faz. Existem outras maneiras. Sim, é claro, muitas e muitas. No entanto, parece-me que essa se ajusta melhor ao exemplo que estamos criando.

Só para efeito de anotação: você observou que deu a ela a mesma característica dele? Ou seja: os dois usam a mesma estratégia de esconder informações para levá-las mais tarde ao leitor. Muito bem. Você sabe o que está fazendo, não? Quer a minha ajuda. Vamos insistir.

Estamos discutindo estratégias narrativas. Isso pode dar início ao enredo. Primeiro os dois se parecem e depois se separaram. As mesmas observações técnicas, mas os períodos seguintes vão tratar de separá-los. O leitor nem desconfia que está sendo seduzido.

Estamos escrevendo o capítulo inicial de um romance, não estamos? Agora vamos adiante.

Você criou uma cena geral de ângulo aberto, no primeiro parágrafo, com duas cenas menores, mais um perfil físico e, em seguida, uma palavra de passagem. Está lembrado, não está?

No segundo parágrafo, nova cena geral de ângulo aberto, o conjunto de elementos que formam a pulsação narrativa. Vimos isso na quinta aula. Você não esqueceu, esqueceu? Se quiser, ou se for necessário, volte à aula. Só para rever um pouco.

2. Discurso indireto livre

Que elementos usamos também para escrever o segundo parágrafo, naquilo que chamamos de *conteúdo literário*? Reunimos uma cena geral, com cenas menores, e discursos indiretos livres.

Primeira cena:

> Apareceu diante dele, iluminada pelo sol. De repente, ela sentiu que era observada e, com segurança e ternura, enfrentou o olhar determinado. Tentou por diversas vezes compreender o que estava acontecendo, mas logo desviou os olhos, dis-traindo-se com a água, um ingênuo, apenas um ingênuo.

Um instante:

> Um ingênuo, apenas um ingênuo

É um discurso indireto livre. Mas por quê? Porque a voz da personagem aparece dentro da voz do narrador. Duas vozes. Mário Vargas Llosa fala dessa descoberta em Flaubert:

> A grande contribuição técnica de Flaubert consiste em aproximar tanto o narrador onisciente do personagem que as fronteiras entre ambos se evaporam, em criar uma ambivalência na qual o leitor não sabe se aquilo que o narrador disse provém do relator invisível ou do próprio personagem que está monologando *mentalmente*.
> (*A orgia perpétua: Flaubert e Madame Bovary*, Remy Gorga Filho (trad.), Rio de Janeiro: Francisco Alves, 1979, p. 154.)

Voz do narrador: "... distraindo-se com a água..." Voz da personagem: "... um ingênuo, apenas um ingênuo".

Segunda cena:

> A pequena onda vinha e voltava, tocando-lhe nos pés. Interrompendo o silêncio. Talvez pudesse perguntar seu nome. Brincar com ele, o pobre menino.

Outro discurso indireto livre:

> Brincar com ele, o pobre menino.

Aqui está bem claro:

Voz do narrador: "Brincar com ele," Voz da personagem: "o pobre menino".

Esta frase também funciona como frase de passagem. Está lembrado quando falamos em palavra de passagem — *encantada* — na outra aula? O discurso indireto livre prepara o leitor para o movimento em seguida. Ela, por assim dizer, chama-o de menino.

É ao mesmo tempo uma afirmação ("pobre menino") e um vocativo ("ó, pobre menino").

Escrever é jogo de sutilezas. De habilidades.

E a última cena, nas frases:

> Até o momento em que os olhos se encontraram. Ficaram assustados.

Recorremos, depois, a uma cena que estava no final do primeiro parágrafo:

> Devagar, lenta, andou em direção à praia, de onde um rapaz a observava, enquanto outras pessoas brincavam e pulavam.

Mas é correto dizer: "Um rapaz?" Assim no indefinido? Ele não já está definido? Não foi visto? Fica, portanto, o rapaz. Isso mesmo. Porque quando a frase estava no primeiro parágrafo, em tese, ainda, era um certo rapaz. No entanto, o olhar dela descobre que já o conhece, e portanto é o rapaz. Dá mais força à narrativa e compacta a cena.

O importante é que temos agora um texto padrão, com o qual trabalharemos.

Vamos a ele:

> Ela apareceu diante dele, iluminada pelo sol. Os cabelos, puxados para trás, desnudando na risca da testa a brancura do couro cabeludo, revelando a maciez da face, intocada, de extrema delicadeza. Nas proximidades das orelhas caíam soltas algumas mechas. Encantada.
> De repente, ela sentiu que era observada e, com segurança e ternura, enfrentou o olhar determinado. Tentou por diversas vezes compreender o que estava acontecendo, mas logo desviou os olhos, distraindo-se com a água, um ingênuo, apenas um ingênuo. A pequena onda vinha e voltava, tocando-lhe nos pés. Interrompendo o silêncio. Talvez pudesse apenas perguntar seu nome. Brincar com ele, o pobre menino. Até o momento em que os olhos se encontraram. Ficaram assustados. Devagar, lenta, andou

em direção à praia, de onde o rapaz a observava, enquanto outras pessoas brincavam e pulavam.

— Gostei muito da ave em sua coxa.

— É uma garça, gosta mesmo?

— Parece ter plumas de verdade.

— É uma tatuagem muito benfeita mas você não me parece estranho, passei muito, muito tempo lhe observando.

Topa continuar com o texto só seu ou ainda quer ajuda de outro autor? É possível? Claro que é possível. Você tem uma sugestão para início do próximo parágrafo. Ah,

Continuaram em silêncio até onde a areia era plana. Sentaram-se.

Ok, você venceu. Acabamos de criar uma cena, não? O movimento elimina o cenário puro e possibilita a movimentação de personagens. Eles se observaram, admiraram-se, conversaram, e agora estão sentados na areia. O verbo tem o efeito de uma palavra de passagem. Ou seja, uma palavra que interrompe a cena e prepara o leitor para o movimento seguinte. Isto é uma plena duração psicológica do leitor.

Você está indo bem, está indo muito bem. Trabalha também com o esquema dos olhares, exposto no meu livro *Os segredos da ficção* (São Paulo: Agir, pp. 239 e seg., no capítulo da apresentação dos personagens). Quem fala, inicialmente nesse assunto, aliás, é Jorge Luís Borges. Chegou a hora de tratarmos dele.

3. Os olhos escondem e movimentam a cena

Como é isso mesmo?

1. O narrador oculto finge que não sabe de nada — ou parece não saber — e que, assim, precisa da opinião — do olhar — dos outros personagens:

Exemplo: Escreve o narrador de acordo com o seu olhar, como vê: "Ela apareceu diante dele, iluminada pelo sol". Mas como é ela? Na frase, o olhar se desloca na expressão "diante dele". Quem vê é o personagem, é dele a descrição:

> Os cabelos, puxados para trás, encobriam metade das orelhas e desnudavam a brancura do couro cabeludo, na risca da testa, revelando a maciez da face, intocada, de extrema delicadeza. Nas proximidades das orelhas caíam algumas mexas.

Sim, mas como posso dizer que o olhar é dele? Onde está, com clareza, essa sutileza? Aqui, na expressão "o rapaz a observava". Cristalino, se é ele quem "a observa", é ele quem narra, narra com os olhos. Entende?

Quando a gente escreve no Impulso, escreve linearmente; depois, na Intuição, percebe que pode melhorar alguma coisa, como fizemos até aqui; na Técnica, encontramos os olhares dos perso-nagens; e na Pulsação achamos a duração psicológica do leitor.

2. Os personagens fingem que também não sabem de nada e fornecem informações, às vezes contraditórias ou erradas, se necessário, a outros personagens, que as remetem ao narrador oculto e ao leitor.

Exemplo: A personagem também narra, narra justo no momento em que é observada, mas, por estratégia do autor não diz nada, não revela. Apenas se sabe, de imediato, é que ela aguentou "por muito, muito tempo, aquela contemplação". Narra por elipse.

Esconde do leitor qualquer informação. Portanto, finge que também não sabe de nada, esconde as informações, não ainda dos outros personagens, mas, neste caso, do narrador oculto e do leitor. O leitor está seduzido, está fisgado.

Os olhos dos dois personagens se encontram. Narrativa por intersecção. Ou seja, narrativa comum aos dois. É ele quem a vê, é ela quem o vê, e com a ajuda do narrador, se dirige à praia.

Até o momento em que:

3. O leitor pede ajuda ao narrador oculto e aos outros personagens e, seduzido pelos dois, imagina que está também criando o texto, descobrindo sutilezas que somente ele parece conhecer. Exemplo: Vamos ao diálogo. Parece que tudo já foi dito, tudo revelado, mas o leitor está pedindo ajuda ao narrador oculto e aos personagens, que tratam de satisfazê-lo no momento em que trazem à tona tudo aquilo que até ali fora irrevelado. A tatuagem e a informação da moça sobre a questão do conhecimento do personagem. O leitor compreende que faz parte do texto, que está ali também. E é socorrido pelo narrador oculto, que conduz a narrativa na próxima cena:

Continuaram em silêncio até onde a areia era plana. Sentaram-se.

O capítulo se organiza, novamente.

Recorremos agora a Lawrence Durrel para montar um cenário. Percebam bem: inicialmente, o cenário não precisa de movimento — não pede movimento — e pode apenas interferir na duração psicológica do leitor, deixando-o mais uma vez parado, como acontece com o perfil físico.

Isso é um dos fundamentos da narrativa.

O cenário convencional pode até dar leveza à narrativa. No entanto, e com certeza, estaciona a pulsação do leitor. Pode até mesmo criar uma certa ansiedade, embora estacione a leitura.

Afinal, é para o leitor que se escreve.

Em "Baltasar", segundo volume do *Quarteto de Alexandria*, Durrel abre o terceiro capítulo com este cenário, que veio para nos socorrer, permitindo mais uma vez a intertextualidade:

O sol poente esvaziara completamente as artérias do porto, mas as silhuetas escuras dos vasos de guerra estrangeiros deixavam persistir uma tremulina acinzentada — jogos de uma luz sem cor nem ressonância à superfície de um mar ainda coalhado de velas. Lanchazinhas apressadas deslizavam no porto interior, escapulindo-se no meio dos navios como ratinhos por entre as botas dos patriarcas. As baterias de canhões do *Jean Bart* moviam-se numa atitude meditativa, apontando ao coração da cidade cujos minaretes mais altos refletiam ainda, em relâmpagos dourados, as derradeiras luzes do poente. Os bandos de pombos, que se lançavam ao assalto do céu, cintilavam como espelhos quando a luz lhe batia nas asas.
(Daniel Gonçalves (trad.), Lisboa: Ulisséia, 1976, p. 49.)

Já temos o cenário, aliás muito bem escrito. E somos chamados à intervenção.

Tivemos duas cenas de ângulo aberto, compostas em dois parágrafos, e mais um diálogo. Os três reveladores do espírito do capítulo. Portanto, não é estranhável o texto de Durrel. Mas o que significa esse cenário? Por que foi escolhido?

Em primeiro lugar: é texto do narrador ou dos personagens? De imediato, assim sem mais nem menos, é texto de narrador. Limpo, simples, direto. Seguro e belo. Nós temos, porém, dois personagens, e sabemos como eles contam: ele, numa linguagem física, incisiva, pronta; ela, elíptica, silenciosa, astuciosa. Astuciosa? Sim, astuciosa.

Precisaríamos de um outro narrador ou recorremos a nós mesmos? Trabalhamos somente com clássicos: Thomas Mann, James Joyce, Lawrence Durrel. E nós, com nosso esforço, com nossa criatividade. Ficaremos juntos a eles, pois não? Vamos à luta.

Imaginemos um pintor que se aproxime de um clássico. Ouviu bem, não ouviu? Aproxima-se de um clássico não para imitá-lo. Quer encontrar ali elementos que o levem a pintar outro quadro. Não o mesmo. Seguindo, contudo, as linhas do clássico.

4. Criação por proximidade

Preste atenção:
Vamos aproveitar em Durrel apenas os elementos que nos interessam e construiremos o nosso novo texto. O narrador se aproxima o mais possível de um clássico e copia dele apenas aquilo que lhe interessa. As artes plásticas usam muito esse artifício.

Só um aviso desnecessário: trata-se de exercício. Apenas exercício. Não se deve nunca copiar a obra de outro autor. Jamais. Para a nossa intimidade, porém, o exercício é básico.

Agora:

> O sol-poente esvaziava completamente as artérias do porto, mas as silhuetas escuras dos vasos de guerra estrangeiros deixavam persistir uma tremulina acinzentada — jogos de luz sem cor nem ressonância à superfície de um mar coalhado de velas.

> Anoitecia e a praia se esvaziava, poucos casais bebiam nas barracas, alguns transformados quase em silhuetas, mas as ondas permitiam um jogo de luz, entre chumbo e esmeralda, na superfície de um mar sem velas.

Isso significa tomar o texto por referência, sem a preocupação imediata de qualidade. Apenas de remontagem de um texto que pode sofrer alterações. Alguns elementos surgem por empréstimo.

> Lanchazinhas apressadas deslizavam no porto interior, escapulindo-se no meio dos navios como ratinhos por entre as botas dos patriarcas.

> Um navio deslizava bem distante, escapulindo no meio de uma serena corrente de ventos.

Aproveita-se a imagem das lanchas apressadas e transfere-se a visão do navio "em serena corrente de ventos". Agora com símiles — "navios como ratinhos", e trabalha o texto limpo. Lembre-se de que você precisa passar para os personagens essa "contemplação", para usar um termo de Joyce.

> As baterias de canhões do *Jean Bart* moviam-se, lentamente, inclinavam-se, depois imobilizavam-se numa atitude meditativa, apontando ao coração da cidade cujos minaretes mais altos refletiam ainda, em relâmpagos dourados, as derradeiras luzes do poente.

> Somente alguns coqueiros eram movidos, com lentidão, inclinavam-se, e indicavam o mar alto, onde o navio, em meio a luzes quase vagalumes, começava a desaparecer.

Nenhuma bateria de canhão. Para quê? Não existem mais canhões, a não ser remotamente nas cidades históricas. E nem sempre. Aqui o texto precisa de uma adaptação absoluta. Usa-se apenas o movimento do vento balançando os coqueiros, sem humanizá-los, por isso sai a expressão "numa atitude meditativa". A proximidade retira elementos que podem comprometer a verossimilhança.
Você sabe o que é verossimilhança?
O texto não pode perder a sua verdade, a verdade interior, a verdade íntima, ainda que seja a mais exagerada possível. Isto é, não é a verdade social, por exemplo, mas a verdade ficcional. Um homem pode ter asas? Sim, se o texto pedir e for coerente, com certeza. Na sociedade real, um homem não pode ter asas. Na ficção, pode.

> Os bandos de pombos, que se lançavam ao assalto do céu, cintilavam como espelhos quando a luz lhes batia nas asas.

> Os pombos, tão poucos, deixavam-se vagar entre os coqueiros, em voos rasantes, com as asas cintilando.

Mais uma vez Durrel recorreu ao símile, um símile que hoje é lugar-comum — "cintilavam como espelhos" e que não aconselho a ninguém. Evite o lugar-comum, evite o lugar-comum. Repassando:

usamos as imagens de Durrel e, por proximidade, construímos a nossa, sem que isso signifique plágio. Ou coisa parecida.

Temos, neste momento, grande parte do capítulo escrito, com três parágrafos formando cenas maiores e um diálogo direto, além do diálogo indireto livre.

Exercício

Em sua casa deve haver quadros. Imagino. Aproxime-se desse quadro, sente-se numa cadeira, e procure passar para o papel todas as sugestões e transforme-as no melhor texto possível. Depois pegue outro quadro, faça o mesmo exercício. Somente no terceiro momento reúna os dois num mesmo texto. E, em seguida, crie o seu próprio texto.

Pegue um poema clássico. Nunca esqueça: os clássicos são fundamentais. Leia-o. Releia-o. De olhos abertos e de olhos fechados. Sinta-o no sangue. Na pele. No suor. Depois tente criar uma cena a partir do poema.

É muito? Não, é trabalho. Não se pode ser escritor sem muito trabalho.

Vamos lá? Boa sorte.

Oitava Aula
CENAS MOVIMENTAM. CENÁRIOS ESCONDEM

Mas vamos baixar a bola, só um pouco. Está na hora de explicar direitinho essa história de cena e de cenário. E eu que pensava que isso fosse tão claro. Não é, hein?

Assim, de repente:

Cena é o personagem — ou personagens — em ação, e cenário mostra paisagens, ambientes e até pessoas que, embora tenham movimento interno, não envolvem os personagens em ação.

Vejamos: numa cena de ângulo aberto as pessoas se movem numa rua. Este é um *cenário humano*, que movimenta o texto mas não a história. Só isso. Ou seja: os personagens não agem para enredar ou solucionar o conflito. Atuam como cenário ou ilustração. Figurantes que transitam ou brincam.

O problema da cena e do cenário se insere no *conteúdo literário*, ou seja, conjunto de técnicas de que o autor lança mão para escrever o texto. Está lembrado que você fez o *conteúdo material*, isto é, tomou de empréstimo matéria de outras ciências: jornalismo (foto, textos, notícias), psicologia (entrevistas, conversas, informações) sociologia (comportamento, perso-nagens representativos, roupas, cargos) etc. e agora está elaborando suas técnicas (cenas, cenários, diálogos), aquelas que vão definir a sua obra...

Ainda está complicado?

Veja como a cena é um elemento fundamental da prosa de ficção. Escreve Aristóteles:

> A parte mais importante é a da organização dos fatos, pois a tragédia é a imitação, não de homens, mas de ações, da vida, da

felicidade e da infelicidade (pois a infelicidade resulta também da atividade), sendo o fim que se pretende alcançar o resultado de uma certa maneira de agir, e não de uma maneira de ser. Os caracteres permitem qualificar o homem, mas é de uma ação que depende sua infelicidade ou felicidade. Ação, pois, não se destina a imitar os caracteres, mas, pelos atos os caracteres já são representados. Daí resultam serem os atos e a fábula a finalidade da tragédia; ora, a finalidade é, em tudo, o que mais importa. Sem ação não há tragédia; mas poderia haver sem os caracteres.
(Aristóteles, *Arte Poética*, Pietro Nassatti (trad.), São Paulo: Martin Claret, 2004, p. 36.)

* * *

1. Poema vira cena, cena vira poema

Para não abrir mão dos nossos conceitos, vamos ao poema, também de Manuel Bandeira, para não perder o costume. Primeiro uma leitura plena, aquela em que os versos correm no sangue, nas veias, nos músculos. Depois a leitura técnica, em que o autor recorre ao *conteúdo literário* para compor a sua obra. E, finalmente, os elementos poéticos que resultam numa cena. Escolhido pela extrema humildade textual.

Conhece este poema de Manuel Bandeira?

> Sacha e o poeta
>
> Quando o poeta aparece,
> Sacha levanta os olhos claros,
> Onde a surpresa é o sol que vai nascer.
>
> O poeta em seguida diz coisas incríveis,
> Desce ao fogo central da Terra,
> Sobe na ponta mais alta das nuvens
> Faz gurugutu pif paf,
> Dança de velho,

> Vira Exu,
> Sacha sorri como primeiro arco-íris.
>
> O poeta estende os braços, Sacha vem com ele.
>
> A serenidade voltou de muito longe.
> Que se passou do outro lado?
> Sacha mediunizada
> — ah — pa — papapá — papa —
> Transmite em Morse ao poeta
> A última mensagem dos Anjos.
> (*Obra completa*, op. cit., p. 234-5.)

O objetivo agora é analisar, primeiramente, o *conteúdo material* de Bandeira, transformando informações cotidianas, *conteúdo material* — em *conteúdo literário*, e estabelecendo os elementos interiores — palavras, andamento, ritmo, onomatopeia — que resultam na obra de arte.

Observou bem, não foi? Informações exteriores — superfície do poema — que passam para o interior — intimidade do poema — transformadas pela criação literária. Exemplo: Sacha pode ser uma pessoa, digamos, uma pessoa física, uma menina. Levada para o poema é uma personagem, com condicionamentos de personagem, refletida no verso, no papel, na estrofe. Está vendo? Sacha, menina — figura real. Sacha personagem — figura literária.

São entidades diferentes.

Ao sair da vida real para a vida literária é o sol que vai nascer. Uma surpresa, não é mesmo? Uma metáfora; não um símile. Ou seja, é a verdade ficcional, não uma comparação.

E na prosa? Na prosa pode ser assim, com toda essa simplicidade. Observe aqui comigo, bem perto do texto de Flaubert:

Na cena que apresentaremos, Emma Bovary experimenta o sexo romântico — romântico no sentido de um amor ideal — pela primeira vez com outro parceiro depois de casada. É claro que procurara e planejara essa relação. E eis que ela está aí agora.

O que escreve Flaubert nesta bela cena?

> Então, ela ouviu, muito longe, para lá do bosque, sobre as outras colinas, um grito vago e prolongado, uma voz que se arrastava; e ouviu um silêncio, a confundir-se, como uma música, as derradeiras vibrações de seus nervos abalados.
> (*Madame Bovary*, Araújo Nabuco (trad.), São Paulo: Abril, 1971, p. 123.)

Uma relação sexual faz parte do *conteúdo material*. E de que maneira ele a utilizou no *conteúdo literário*? Eis a diferença entre prosa convencional e literatura.

Pise firme que o baile vai começar. Ou já começou? Fica frio. Agora, a luta.

2. Elementos do poema e da cena

Mas entre o poema e a cena percebeu o que é mesmo uma cena? O poema tem personagem? Tem. (Sacha) O poema tem ação, movimento? (Sacha levanta os olhos claros) Tem. O poema tem sequência de movimentos? (O poeta em seguida diz coisas incríveis). Assim é uma cena. No poema ou na ficção. Mas Manuel Bandeira tem uma tal leveza, uma tal sofisticação, que basta transformar Flaubert em poeta e tudo estará explicado.

Basta escrever assim. Quer um título? Que título?

Não, não precisa.

> Então ela ouviu,
> Muito longe,
> Para lá do bosque,
> Sobre as outras colinas,
> Um grito vago e prolongado.
> Uma voz que se arrastava;
> E ouviu um silêncio,
> A confundir-se,
> Como uma música,

As derradeiras vibrações
De seus nervos abalados.

Esta é a cena que corresponde ao clímax de Emma. Só isso. Pela simplicidade e pela singeleza, os dois momentos — poema e cena — são trabalhados com a ausência de emoção convencional, tipo coração apaixonado, mas com emoção estética.

Manuel Bandeira usou a onomatopeia (gurugutu pif paf etc.) e Flaubert optou pelo ritmo poético, ressaltando as vírgulas. Observe também que a cena está dividida em dois blocos marcados pelo pretérito perfeito: ouviu. No primeiro bloco:

Então ela *ouviu*.

No segundo bloco:

E *ouviu* um silêncio.

É curioso, não é?

Pense agora neste detalhe: os textos — poema e cena — obedecem a um andamento sugerido pelas vírgulas. É a isso que chamo de Pulsação Narrativa. Cada frase encerrada por uma vírgula apresenta um verso.

Então ela ouviu, // muito longe, // para lá do bosque, // sobre as colinas...

Sem qualquer interrupção. Aproxime mais o ouvido. Em Bandeira, o poema, transformado em cena, precisa das onomatopeias...

Gurugutu, pif paf,... ah — pa — papapá — papa...

Que imitam os sons criados pela menina, Sacha, e que provocam um novo sentimento no poeta e no leitor. O som que substitui a imagem. É um recurso que pertence ao *conteúdo literário*. A literatura consiste na transfiguração — isto é, na transformação do real em elemento poético.

Está vendo como se transforma o *conteúdo material* em *conteúdo literário*?

Aquilo que chamamos de transcendência artística se realiza nisto: a transformação do *material* em *literário*.

Nunca esqueça.

Este estudo é importante, porque Flaubert podia mudar o andamento, utilizando outros elementos internos. Digamos que ele pretendesse alcançar maior elasticidade na cena, uma sensação mais fluida, um sentimento ainda mais suave. Recorreria, por exemplo, à conjunção de ligação "e".

Vejamos:

> E então ela ouviu, muito longe e para lá do bosque, sobre as colinas, um grito longo e prolongado, uma vez que se arrastava; e ouviu um silêncio, a confundir-se, como uma música, e as derradeiras vibrações dos seus nervos abalados.

O andamento mudou completamente, mas o ritmo narrativo permanece quase o mesmo, por causa das ondulações provocadas pela conjunção "e". O que poderia retirar a leveza rítmica alcançada apenas com as vírgulas, e um rápido, rapidíssimo, ponto e vírgula.

3. Desconstruindo a cena

Vamos juntos dividir os elementos essenciais para que exista uma cena, mesmo tomando como exemplo o que acabamos de citar. Chega mais, só um pouco, vamos ver. Atenção, atenção.

a) Personagem;
b) Ação;
c) Sequência.

Então o poeta — narrador — toma uma personagem (Sacha), estabelece em seguida uma ação (o momento em que o poeta lhe oferece os braços) e a sequência (quando a menina aceita o mimo).

Em Flaubert, o narrador oculto mostra que a personagem (*ela ouviu*), que provoca uma ação (*uma voz que se arrastava*) e gera uma sequência (*e ouviu em silêncio*).

Para não perder de vista o nosso texto, este que estamos construindo ao longo do trabalho, com ajuda de outros autores, vamos ao exemplo definitivo de cena:

> *Ela apareceu diante dele, iluminada pelo sol*

O primeiro elemento é a personagem, a) "Ela".
O segundo, b) ação, "apareceu diante dele".
O terceiro a sequência, c) "iluminada pelo sol".

Não foi assim que você escreveu? O começo do capítulo que vem lá de longe, da quarta aula? Estudando juntos a gente se entende. Ponto por ponto, sem deixar de escrever o texto, que é o nosso objetivo aqui.

Motivo de muitas especulações, o personagem é o centro da narrativa, mesmo quando pareça dispensável. É ou não é? A gente decide, à maneira que vai amadurecendo, à maneira que vai conhecendo a intimidade de um texto literário, mas sem tirar os pés do chão. A não ser em casos muito raros, o personagem não detém todas as ações.

É elemento rico, riquíssimo. Portanto, princípio e fim da ficção. Mesmo quando ele parece não estar ali, mesmo quando monólogos e fluxos da consciência se mobilizam sem nome de personagem.

Você compreende, de imediato, que é o personagem, pelo menos nesse caso, quem dá início ao primeiro movimento, que se dirige à ação, que provoca a ação, e a ação, óbvio, possibilita a sequência, permitindo o que Aristóteles chama de "unidade dos fatos". Essa linha quase sempre é inalterada. Observe bem e compreenderá perfeitamente.

Venha mais perto, chegue: o que é uma flecha senão a "organização dos fatos"? O movimento da flecha provoca várias ações na linha que ela desenvolve, plana ou curva, e ocupa vários espaços, em sequência. É ou não é?

Vá em frente, quebrando a estrutura da narrativa.

É claro que o narrador pode se deter um pouco para apresentar o cenário. Assim: "iluminada pelo sol", e se con-siderar necessário acrescenta... "que, àquela hora da tarde, tornava a esmeralda águas ainda mais densa e morna". Mas aí o cenário está a serviço da cena e não o contrário.

No primeiro caso, o cenário ilustra a cena. De forma que está subjugado à cena. Essa técnica chama-se cena sobre cenário. Quando ocorre o contrário, digamos, o cenário em destaque, denomina-se cenário sobre cena.

Perceba:

> *As águas estavam calmas e as ondas mansas quando ela apareceu diante dele, no instante mesmo em que o sol começava a se pôr, permitindo que se avistassem quase apenas as silhuetas.*

Tudo depende da função e do efeito que o escritor pretende conseguir. Numa narrativa mais rápida usa a cena sobre cenário, e numa narrativa mais lenta recorre ao cenário sobre cena.

4. Rapidez de cenas e cenários

Os cenários natural e humano possibilitam lentidão porque são, por assim dizer, parados, mesmo quando apresentam pessoas andando, se mexendo.

O narrador mostra o cenário natural:

As águas estavam calmas e as ondas mansas quando ( ), no instante mesmo em que o sol...

Aí está o cenário. Mas foi jogada dentro dele uma cena que, aí sim, dá movimento ao texto.
Bem claro:

ela apareceu diante dele.

Assim mesmo: pegue esta frase, coloque-a no lugar dos pontos e dos parênteses e logo terá uma cena. Percebeu bem: Uma cena sobre cenário.
O texto começa lento (cenário) para ganhar velocidade em seguida (ação) e retornar ao ponto de repouso (cenário).
É preciso, todavia, esclarecer um ponto fundamental: uma cena pode não ter cenário, o cenário pode até ser dispensado, mas não há narrativa sem ação, ainda que seja psicológica ou imagética. Aristóteles, na *Arte Poética*, chega a colocar a ação acima do personagem, você concorda? Concorda que a ação está acima do personagem?
Aqui, considera-se ação aquele movimento que conduz o enredo, o fio interior, mesmo aquele enredo desprovido de trama espetacular, usado em larga escala no cinema. A exemplo, a trama psicológica, digamos.
Observe:

> Etimologicamente, a ação implica movimento, e neste sentido encontra no teatro o seu lugar mais adequado. Nas estruturas narrativas — conto, novela, romance — duas modalidades de ação podem ser observadas: a ação exterior, quando as personagens se movem no tempo e no espaço; e a ação interior, quando o conflito transcorre na sua mente.
> (Massaud Moisés, *Dicionário de termos literários*, op. cit., p. 16.)

Portanto, a cena deve ser:

a) Interior;
b) Exterior de ângulo aberto;
c) Exterior de ângulo fechado ou restrito.

Agora siga — faça uma cena — o que se pretende expor com clareza: numa cena exterior de ângulo aberto, os movimentos são de tal forma claros e objetivos, por assim dizer, ensolarados ou diante dos olhos da noite, que se tem uma visão total, com a determinação de ilustrar todo um imenso painel.

Quando a cena, porém, é exterior de ângulo fechado ou restrito dá a impressão de amplitude e no entanto se fecha numa informação objetiva; funciona muitas vezes no enredo — desenvolvimento — para dificultar a compreensão do leitor ou enfocar apenas um elemento.

A cena é interior quando, parecendo ser vista de fora, está na alma, no pensamento, na consciência ou na inconsciência do personagem, está no lado escuro do ser. Para dentro e por dentro.

Exemplos:

a) Cena interior

> O que a moça via nos sonhos entreabria-lhe os sentidos. Como se abre a casa ao amanhecer. O silêncio era funeral, tranquilo, um alarme. Lento, impossível de ser apressado. Era este o sonho: estar alarmada e lenta. E também olhar as coisas grandes que saíam do alto dos sobrados assim como se via diferente no espelho dos outros: entortadas numa expressão passiva, monstruosa.
> Mas a alegria monótona da moça prosseguia sob o rumor das correntes. O sonho se desenrolava como se a terra não fosse redonda, mas plana e infinita, e assim houvesse tempo. O primeiro andar a sustentava no alto. "Ela exalava".
> (Clarice Lispector, *A cidade sitiada*, Rio de Janeiro: Nova Fronteira, 1982, p. 75.)

Haveria ação na cena interior? Sim, perfeitamente. A personagem age através do conflito. Atenção:

O que a moça via nos sonhos lhe entreabria os sentidos.

"Entreabrir os sentidos" é uma ação interior — evitei de propósito a expressão psicológica para possibilitar melhor compreensão à atividade; entreabrir é abrir-se interiormente mas com função externa. Isso é o fundamento da cena interior. Ela parece acontecer por fora, somente por fora, na verdade se realiza por dentro.

Tudo isso confirma, é preciso lembrar, a cena interior de Emma Bovary, não é mesmo? Aquela cena que apenas em espírito se realiza:

> Então, ela ouviu, muito longe, para lá do bosque, sobre as outras colinas, um grito vago e prolongado, uma voz que se arrastava; e ouviu um silêncio, a confundir-se, como uma música, as derradeiras vibrações de seus nervos abalados.
> (*Madame Bovary*, op. cit., p. 123.)

Onde estaria a personagem?

Ela ouviu.

E a ação?

Um grito longo e prolongado.

A sequência?

E ouviu um silêncio a confundir-se, como uma música...

Voltando a Clarice.

Ela (a personagem) não sonha apenas, interfere e atua. Mas ela sonha e investiga o sonho. Sabe que sonha e, ao mesmo tempo, participa, "alarmada e lenta". Lentidão envolve movimento, ainda que interior, e pouco transparente. Sem dúvida. Não é, de forma alguma, um sonho estático, quieto, calado. Há toda uma movimentação. Uma movimentação, interior, é claro, mas movimentação. Além de elementos firmes e palpáveis.

Podemos recorrer ainda à própria Clarice Lispector que, em outro dos seus livros, oferece a chave do mistério:

> Agora me lembrei de que houve um tempo em que para me esquentar o espírito eu rezava: o movimento é espírito.
> (*A hora da estrela*, Rio de Janeiro: Rocco, 1998, p. 18.)

Não é curioso? Fique um pouco mais atento:

Há, contudo, nesse mistério, elementos vivos, concretos, reais como casa, sobrados, espelhos, terra, e verbos de movimento — "As coisas grandes que saíam do sobrado". Mesmo a alegria monótona prosseguia. "O sonho se desenrolava". No entanto, eles estão ali para compor o conflito da personagem. São verdadeiros, sem dúvida. E estão subjugados, digamos, ao sonho da moça. Ela "via" dentro do sonho. O sonho, a ação, se desenrolava dentro dela. É isso. Mesmo num sonho há um movimento interior. Ela está em ação. Psicologicamente. E os verbos se mexem: abrir, prosseguir, desenrolar. Faça também um exercício assim. Vá buscar sua personagem dentro dela, no conflito ou na alegria. Encontre os elementos.

5. Os símiles movimentam

Você percebeu que Clarice Lispector usa muitas símiles, como aconteceu com James Joyce? Veja bem: é apenas uma constatação. Não estou falando em imitação, por favor. Gostaria ainda de acrescentar que o símile possibilita uma movimentação que parece estática na metáfora, o que não é verdade. Basta apenas a aparência. Velocidade contida ou solta depende do narrador.

Não preciso mais dizer que o nosso capítulo inicial de um romance tem uma cena interior, quando ela sente que é observada, enfrenta o olhar do rapaz e confessa, no discurso indireto livre, que ele "é um ingênuo, apenas um ingênuo".

Vamos repetir toda a cena?

Sentiu que era observada e, com segurança e ternura, enfrentou o olhar determinado. Tentou por diversas vezes compreender o que estava acontecendo, mas logo desviou os olhos, distraindo-se com a água, um ingênuo, apenas um ingênuo.

Deu para perceber que a cena é interna porque existe somente para ela e conforme os seus sentimentos? Os elementos da cena estão ajustados de acordo com o que ela vê, que faz logo um julgamento. Ela vê e julga, não somente vê.

Continue fazendo exercícios. Tente olhar pela janela e trazer a cena para dentro de você, com julgamentos e tudo. Treine, treine.

b) Cena exterior de ângulo aberto

> Saltei do trem em Milão, quando já pela madrugada a marcha se foi ralentando. Cruzei a linha e varei para uma rua. Vi uma "bottega" aberta; entrei para tomar um café. Tudo ali cheirava a começo do dia, a pó varrido. Colheres num copo; círculos de vinho no balcão. O proprietário estava servindo. Dois soldados sentaram-se a uma mesinha. Tomei uma xícara de café com pão — café com leite, enquanto o proprietário me investigava com os olhos.
> (Ernest Hemingway, *Adeus às armas*, Monteiro Lobato (trad.), Rio de Janeiro: Companhia Editora Nacional, 1977, p. 195.)

Verificamos agora que o personagem vê o que está fora, do lado de fora, nos movimentos exteriores, em grande angular, onde o leitor percebe todos os detalhes, não há nada a esconder.

Aqui a cena é muito diferente.

O personagem participa diretamente. Entra na ação e todos os movimentos são dele. O verbo "saltei" já o coloca em movimento. Em seguida "cruzei". Depois "vi". Há uma mobilização completa. Incisivo, direto, vivo. Tudo muito rápido. Sem tempo para reflexões, para análises, para avaliações. Em geral, a obra de Hemingway é assim, de uma rapidez incrível. Portanto, oferece melhores elementos para o exemplo de sequência.

Retornamos ao nosso texto. Foi assim que a gente escreveu:

> Ela apareceu diante dele, iluminada pelo sol. Os cabelos, puxados para trás, desnudando na risca da testa a brancura do couro cabeludo, que revelavam a maciez da face, intocada, de extrema delicadeza. Nas proximidades das orelhas caíam soltas algumas mechas.

Mudou tudo, novamente. Todos os elementos da cena vieram para fora, como se dizia antigamente "saltaram aos olhos". Então faça um exercício. Olhe outra vez pela janela e escreva o que vê. Se você não se preocupar com com-plicações, tudo vai sair certo. Garanto.

Não tenha pressa. Vá treinando. Fazendo exercícios. Domine o texto. Saiba tudo o que está escrevendo. Conheça a intimidade da narrativa.

E você sem dúvida me perguntará: E por que no cenário que tomamos de empréstimo a Lawrence Durrel, e reescrevemos, não há cena, nem interior nem exterior?

Porque não há movimento. Apenas. E somente. Movi-mentos, quero dizer, que possam interferir na trama. Se não interferem, são meros movimentos sem função no texto.

Sem dúvida, há necessidade de personagem, ação e a sequência, com função narrativa dentro do texto, dentro da história.

Precisamos sempre estudar como ocorre o movimento na cena interior e na cena exterior.

    a) Personagem: O que a moça...
    b) Ação: via nos sonhos...
    c) Sequência; Entreabria-lhe os sentidos.

Se estivesse escrito apenas "o que a moça via nos sonhos", numa frase única e só, haveria personagem e ação, mas estaria imperfeita porque faltaria a sequência. Pelo óbvio: toda ação pede uma reação, e a reação se realiza quando os sentidos se entreabrem. Está complicado? Está nada. Apenas na aparência. Faça também exercícios. Com jeito. Calmamente. Como? Se tivesse dois pontos ou um travessão? Bom, se tivesse dois pontos ou um travessão a frase não estaria inconclusa. Em seguida, viria a sequência.

Precisamos ainda fazer uma distinção bem clara, objetiva. É verdade que a ação é considerada desde Aristóteles como um sinônimo de enredo. A ação seria o todo, sem especificar as partes. Por isso mesmo, podemos encontrar o seguinte verbete no dicionário já citado de Massaud Moisés:

> Uma vez que se encadeiam segundo a lei de causa e de efeito, os acontecimentos ou atos organizam-se num enredo, que pelo seu turno, apresenta começo, meio e fim... assim, a narração de uma obra constitui a totalidade dos acontecimentos ou atos que envolvem todos os figurantes numa cena.
> (*Dicionário de termos literários*, op. cit., p. 10.)

Você leu bem, não leu? Então, observe, a narração considera "a totalidade dos acontecimentos ou atos que envolvem todos os figurantes numa cena". Numa cena, não é? Pois assim uma cena constitui um microtexto dentro do grande texto que é o conto, a novela, o romance. Sendo um microtexto, não pode ser desconhecido. Precisa ser analisado em todas as suas variantes. Palavra por palavra. Movimento por movimento. Daí essa divisão de elementos.

Mas, e a sequência? O que é que a gente pode dizer da sequência? E o que é a sequência? Diz o dicionário:

> 1. Seguimento, continuação. 2. Ordem, coerência. 3. Sucessão.

É, portanto, o movimento seguinte à ação. Não há ação plena sem sequência. A ação precisa seguir. Necessita continuar. É básico que tenha uma ordem. E assim uma ação sucede a outra.

Fica claro?

Porque existem começo, meio e fim. A ação, assim, é o meio. A exigência torna-se muito clara: a) Começo (personagem); Meio (ação), e Fim (sequência). Você não concorda? Quando você dominar os elementos então pode mudar o movimento. Agora, trabalhemos de acordo com o aprendizado.

A sequência corre dentro do enredo, do desenvolvimento, como costumamos chamar. Até porque um enredo parece chamar sempre uma sequência espetacular, e não é o caso aqui, não é mesmo? A sequência envolve uma montagem de ações, ou uma linha de ações, até pequenas e breves ações, mesmo sutis e interiores. Do espírito, da alma, do inconsciente. Como acontece, por exemplo, no monólogo ou no fluxo na consciência. Até mesmo no solilóquio. Não é necessário que a sequência seja plana. Pode ser ilinear e ilógica, mas deve ter unidade.

Basta, neste caso, ler o velho e bom Aristóteles:

> A parte mais importante é da organização dos fatos, pois a tragédia é a imitação, não de homens, mas de ações, da vida, da felicidade e da infelicidade... sendo o fim que se pretende alcançar o resultado de uma certa maneira de agir...
> (Aristóteles, *Arte Poética*, Pietro Nassatti (trad.), São Paulo: Martin Claret, s/d., p. 36.)

Você se assustou, não foi? Não se preocupe com essa tragédia aí, porque não é tão trágica assim. Pudera. A expressão é carimbada porque Aristóteles está, em verdade, realizando um manual sobre a estrutura da tragédia. Se ele estivesse escrevendo agora teria escrito romance, ou novela, ou conto. Fica frio.

c) Cena exterior de ângulo fechado ou restrito

Aqui está uma cena de extrema sutileza. Você verá que, cometendo um aparente erro gramatical, pode mudar a cena exterior de ângulo fechado ou restrito, para cena exterior de ângulo aberto, grande angular. Basta cortar um pronome, no exemplo que se segue, para encontrar este artifício.

Veja bem:

> Até o momento em que os olhos se encontraram. Ficaram assustados. Devagar, lenta, andou em direção à praia, de onde o rapaz a observava, enquanto outras pessoas brincavam e pulavam.

Esta é a cena de ângulo fechado ou restrito que, aliás, já apresentamos. Agora você vai pegar uma pinça, preste atenção, e com ela retirar o pronome "a". O que aconteceu?

O rapaz não mais "a" observa, e os olhos, na verdade, observam toda a cena sobre cenário. Então deixa de ser fechada ou restrita, porque centralizada na personagem, para tornar-se exterior de ângulo aberto. Tudo porque ele não "a" observa, mas observa todo o conjunto de elementos.

Um toque de elegância na narrativa.

Exercício

Já acentuei, sem exercício não há criação. Vamos agora ao primeiro exercício: tome um poema de Manuel Bandeira e transforme em cena. Depois disso, procure encontrar um cenário e colocar uma cena sobre ele. Sem afobação.

Mude de andamento e de ritmo. Escolha aquele que lhe pareça melhor. E procure sempre ter um bom personagem por perto. Personagem bom pode vir de uma piada, não é? Então vamos a ela.

Nona Aula
CENÁRIOS: AJUDA, ILUMINAÇÃO E MOVIMENTOS

Pois é, agora os cenários. Para que servem? Nem de longe se parecem com algo do tipo "cai a tarde, serena e tranquila". Quando era esse tempo, tarde serena e tranquila, hein?

Tenha calma. Caluda. Sabe que essa palavra nos tempos de antigamente significava calado, silêncio? Tem cada palavra nesse mundo de meu Deus, não é?

Estudamos na aula anterior a questão das cenas e come-çamos a ver que existem cenas sobre cenários e cenários sobre cenas, além de cenários puros que têm uma função diferente. Portanto, não rejeite antes de conhecer.

Uma severa advertência, no entanto: só use no romance o que lhe for essencial. E uma brincadeira? Se for essencial, pode usar a brincadeira. Se for uma piada? Pode usar a piada. E se for para distrair o leitor? Pode usar a piada ou a brincadeira. E se for só para brincar, se tiver função e efeito, pode usar à vontade.

Para explicar como isso deve ser feito, Milan Kundera mostra a habilidade de Kafka, cuja obra muitas vezes faz rir.

> Kafka não conta como se conta uma brincadeira; ele expõe longamente, com detalhes, explicando cada gesto de modo que tudo pareça psicologicamente possível.
> (*A cortina*, Teresa Bulhões Carvalho da Fonseca (trad.), São Paulo: Companhia das Letras, 2006, p. 72.)

1. O inútil é útil — a arte do cenógrafo

Muitas vezes um cenário pode parecer uma inutilidade, uma descrição boba, uma falta de recurso. Não é exatamente assim. Nas mãos de um bom autor, o romance pode até parecer uma piada, uma brincadeira e, não raro, uma inutilidade. Fique esperto.

Venha comigo.

Romance é assim: a gente tem que estudar com a pinça nos dedos. Examinando ponto por ponto. Sem pressa. E com aquele monóculo de relojoeiro. Catando pedrinhas. Por isso vou jogar aqui, de surpresa, uma frase solta de Aristóteles:

> Quanto ao trabalho da encenação, a arte do cenógrafo tem mais importância do que a do poeta.
> (*Arte Poética*, Pietro Nassatti (trad.), São Paulo: Martin Claret, s/d., p. .)

Muito bom, não? Vale uma aula inteira de reflexão.

Podemos chamar, aqui, de cenógrafo aquele que organiza os cenários e a ambientação, o arquiteto. O próprio narrador. Porque por meio de suas estratégias é que ele pode enriquecer o espírito do leitor.

Entenda: o narrador é para a ficção o que o cenógrafo representa para o teatro.

Qualquer coisa fora do lugar estraga tudo.

Nunca, jamais esqueça: um romance é o resultado da organização interna. Dos fatos e dos cenários.

Dessa forma nós entramos neste terreno apaixonante dos cenários, que antes nem pareciam importantes, não era mesmo?

Há quem rejeite completamente os cenários. Afirma-se por aí que são desnecessários na ficção moderna. Não é verdade, mesmo. Compõem um elemento técnico de vital importância. Aliás, no campo da arte não existe nada que seja descartado totalmente. Sobretudo na literatura.

Compreendo que a pressa, a rapidez, tudo leva a uma leitura de tempo curto. Posso compreender. Mas numa área de aparentes recursos escassos — como a literatura de ficção —, nada pode, nem deve, ser descartado. Tudo é precioso. Os sinais de pontuação, os parágrafos, os espaços em branco, os diálogos, são importantes para a textura da obra.

Basta observar com cuidado.

Antes da catalogação, precisaríamos responder: mas, enfim, para que serve um cenário?

Para compor um quadro romântico? Para fazer o leitor ficar encantado com a natureza? Para gastar papel e tinta?

E agora?

O cenário é, sem dúvida, um artifício que o narrador usa na sutil estratégia. Tenho insistido muito nisso, porque é fundamental. Todo narrador deve saber o que fazer passo a passo. E, para isso, se arma de artifícios, que fazem parte de sua estratégia. Para entender com clareza, então vamos a João Cabral de Melo Neto:

> O silêncio de Racine
>
> O duro, o mais duro, o jansenista,
> O sempre cada vez mais difícil.
> Como obtê-lo senão
> Por algum artifício?
> Mas um artifício não estará
> Mais para o fácil que o difícil?
> Então calar: usar
> Um silêncio artifício.
> (*Museu de tudo*, Rio de Janeiro: Nova Fronteira, 1997, p. 84.)

Isso mesmo, exato, transformar "o sempre cada vez mais difícil" em "silêncio artifício". Entendeu agora? Apresentar um cenário, muitas vezes silencioso e belo, pode parecer bom apenas para agradar o escritor. Mas não deve ser assim. Romance é estratégia e montagem. Mesmo os mais novos, mesmo os mais revolucionários. Já citei muito o caso de Jack Kerouac, que estudou antes de escrever *Oh the Road*. Não nasceu do acaso.

O fato de o narrador onisciente ter ressurgido, ultimamente, com alguma força na França, não significa que ele é um recurso eterno. Também não significa que desapareceu. Pode ser usado ou não, mas como recurso técnico. É sempre assim. A arte não depende de modas. Depende da qualidade do artista.

Um cenário pode ser usado para agradar, para modificar o enredo, para marcar a mudança da trajetória do personagem ou da história, para tensionar uma cena, para desestimular uma ação.

Aparentemente uma inutilidade, mas de uma força incrível na maneira de se conduzir o texto.

De forma que o cenário é um artifício de que o narrador lança mão para atrair o leitor à sua armadilha.

Muitas vezes, porém, nesse quesito do artifício, o narrador parece usar um cenário quando na verdade apresenta uma ação, que é própria da cena. Finge. Esconde. Não podemos esquecer que um dos méritos do novelista é esconder.

João Cabral de Melo Neto sabe usar muito bem esse artifício. Quando lido de imediato, a impressão que se tem é de que os cenários são expostos às vezes de maneira ríspida e violenta, seca e cruel. Basta, então, um olhar mais atento, mais cuidadoso, para se verificar que ali há uma piada, uma brincadeira, um gesto.

Veja aqui este poeta, veja mesmo:

> Entre a caatinga tolhida e raquítica,
> Entre a vegetação ruim, de orfanato;
> No mais alto, o mandacaru se edifica
> A torre gigante e de braço levantado;
> Quem o depara, nessas chãs atrofiadas,
> Pensa que ele nasceu ali por acaso;
> Mas ele dá nativo ali, e daí fazer-se
> Assim alto e com o braço para o alto.
> Para que, por encima do mato anêmico,
> Desde o país eugênico além das chãs,
> Se veja a banana que ele, mandacaru,
> Dá em nome da caatinga anã e irmã.
> (*Duas bananas & a bananeira*, Rio de Janeiro: Nova Fronteira, 1997, p. 19.)

Agora vamos detalhar. Na aparência, e somente na aparência, João Cabral finge — na qualidade de narrador e de cenógrafo — que está escrevendo um cenário. Muita gente acredita, sinceramente nisso. Lido mais de perto, mais uma vez com a pinça nos dedos, percebe-se que o cenário esconde um gesto — não se fala no mandacaru, mas de um mandacaru que dá bananas — gesto humano — para o mundo, todo mundo.

Assim:

Temos aí um cenário sobre cena — o artifício cenográfico que esconde o "gesto de rebeldia" e indecente, como o próprio João Cabral assinala noutro poema.

Da mesma forma pode-se fazer na prosa: a aparência de um poema, mais a aparência de um cenário e, finalmente, o desabar de uma cena, ou seja, a concretização de uma ação. Não aquela ação extraordinária que mobilizava uma situação magnífica, no caso da tragédia ou da epopeia. Nesse caso a ação, digamos, equivale a uma piada saída daquele poema-piada que marcou certo momento do Modernismo.

Aqui a ação corresponde ao gesto cotidiano, ao gesto rotineiro e, por isso mesmo, ganha outra dimensão.

2. O conhecimento secreto

Mas o que interessa saber mesmo é que o narrador parece estar dizendo uma coisa e leva o leitor para outra. Isso é habilidade. É conhecimento secreto da intimidade do romance, do conto, ou da novela.

Para sempre e sempre: estratégias e artifícios.

A pulsação de uma obra literária começa aí, no jogo dos artifícios, na estratégia de cenários e de cenas, no fingimento de uma situação, no fazer-de-conta. É assim. O pulso narrativo faz o leitor andar de acordo com o autor e seu fiel escudeiro: o narrador.

Umberto Eco chama isso de "respiração".
Olha aqui o que ele diz:

> Entrar num romance é como fazer uma excursão à montanha: é preciso aprender a respirar, regular o passo, do contrário desiste logo... Um grande romance é aquele em que o autor sempre sabe em que momento deve acelerar, frear e de que maneira dosar esses movimentos de pedal no quadro de um um ritmo de fundo que permanece constante.
> (*Pós-escrito a O nome da rosa*, op. cit., pp. 38-9.)

Proust fala também em pedal — é preciso acelerar ou diminuir o ritmo ("agir por um momento, deixar o pedal prolongar o som"). E no meu livro *Os segredos da ficção* (Rio de Janeiro: Agir, 2005) mostro a necessidade de trabalhar o andamento — um pouco mais rápido ou um pouco mais lento. Enfim, fazer o texto respirar, provocando assim a respiração do leitor.

Veja agora mais um exemplo concreto de como o autor pode criar uma cena sobre cenário romântico, extremamente romântico, para se revelar depois irônico, corrosivo, de forma que o leitor se iluda ou simplesmente tome como verdade narrativa aquilo que não é.

Cria situações diferentes para conduzir o leitor.

Estou falando de *Sílvia*, de Gérard de Nerval. Na abertura da novela ele faz o leitor acreditar que é apaixonado pela atriz. No segundo parágrafo atinge o clímax narrativo do romantismo, jogando sobre elas as luzes da paixão, de forma que alguns leitores — e críticos, inclusive — acham exagerado. Não é exagerado. E não importa. O que se quer examinar aqui é a estratégia, a fina estratégia, a sutil estratégia do narrador e, no caso, do cenógrafo mesmo, porque a novela parece toda estruturada num clima de peça teatral.

É assim que ele escreve:

> Sentia-me viver nela, e ela vivia só para mim. O seu sorriso me inundava de uma beatitude infinita: a vibração de sua voz suave,

embora de timbre forte, fazia-me estremecer de alegria e de amor. Para mim tinha todas as perfeições e satisfazia todos os meus entusiasmos, todos os meus caprichos — bela como o sol quando iluminada pelas luzes da ribalta, pálida como a lua quando delas se afastava, ficando sob a luz dos altos lustres, tornando-a mais natural, brilhando na sombra coma sua própria beleza, como as Horas Divinas, que se recortam com uma estrela na fronte, sobre os fundos pardos dos afrescos de Herculano.
(*Sílvia*, op. cit., pp. 10-1.)

Com a pinça entre os dedos podemos constatar que o cenário é em princípio falso — daí a habilidade do autor — e transformado em cena, por isso chamado de cenário sobre cena. Dá a impressão de que o narrador fala da beleza de uma mulher que ele vê mas que ela não se movimenta.

E não é verdade.

Ela se movimenta, sim:

a) "Bela como o sol quando iluminada pelas luzes da ribalta" — Ou seja, andou do centro do palco até a parte dianteira do palco — ribalta.
b) "Pálida como a lua quando dela se afastava". — Voltou a andar.
c) "Ficando sob a luz dos altos lustres". — Parada.
d) "Brilhando na sombra com sua própria beleza". — Está próxima do fundo do palco. Portanto, andou. Pára junto do cenário das peças antigas, que representam um mo-mento, assim como "os afrescos de Herculano".

Quem teve oportunidade de ver peças teatrais, digamos, até a década de 1960, sabe que os cenários eram representados por afrescos com motivos da peça exibida, no fundo do palco. Então o autor adverte que ela andou até ali.

Quando esse cenário — cenário sobre cena — é lido, a impressão é de que estamos diante de um apaixonado romântico e incorrigível. Uma paixão incrível pela atriz que ilumina o palco. E não é nada disso. Ele está exaltando as qualidades da personagem que ele idealizou e que foi seu amor de sempre: Adriana.

Na verdade, Nerval está levando o leitor para um caminho diferente da narrativa. O narrador estrategicamente está ironizando, pois:

> Já decorrera um ano e não tinha ainda pensado sequer em informar-me sobre quem poderia ser na vida real; temia embaraçar o espelho mágico que me refletia a sua imagem; no máximo, prestara atenção, às vezes, a alguns comentários referentes não à atriz, porém à mulher. E eu preocupava-me tanto em colher essas informações como sobre os rumores que porventura corressem a respeito da princesa Élida ou da rainha de Trebizonda — pois um dos meus tios, que vivera nos últimos anos do século dezoito como era preciso para conhecê-los bem, cedo me prevenira de que as atrizes não eram mulheres, e que a natureza se esquecera de dotá-las de coração.
> (*Sílvia*, op. cit., pp. 10-1.)

Chega mais com os olhos, traz a pinça, e observa bem direitinho: um parágrafo desdiz o outro. Uma extraordinária montagem de cenas e de cenários. Um jogo, artifício puro, estratégia de primeira; e, na maioria das vezes, o leitor nem percebe que ocorreram mudanças radicais.

1) O personagem que ama e festeja;
2) O personagem que ridiculariza.

Na verdade, o narrador desdenha da atriz, e até mesmo da mulher que está no palco, porque sua paixão verdadeira é pela personagem — Adriana, o rapidíssimo amor de juventude, paixão doce de adolescente, uma moça que vai para o convento, e que ele, o narrador, homenageia através de uma peça de teatro que escreveu e que, neste momento, é representada. Ele ama Adriana e despreza Aurélia.

Não é sem razão que ele diz:

> Em meio às minhas viagens e lazeres, concebera o projeto de fixar numa ação poética os amores do pintor Colonna pela formosa Laura, que seus pais levaram a ser freira, e que ele amou até à morte. Havia algo neste tema que se relacionava com as minhas preocupações constantes. Ao terminar o último verso do meu drama, pensei apenas em regressar à França.
> (*Sílvia*, op. cit., p. 73.)

É certo que, para efeito narrativo, o personagem inominado fala em "fracos versos mediocremente inspirados em Schiller assinados por um autor da época", mas cujo autor é ele mesmo, confundidos pelos sonhos e pelas recordações, ainda uma estratégia para confundir o leitor.

No entanto, no último diálogo do livro, apesar ainda das questões temporais, o propósito narrativo de Nerval fica mais do que claro.

> Esqueci de dizer que no dia em que o grupo de Aurélia fez uma representação em Dammartin, levei Sílvia ao espetáculo e perguntei-lhe se não achava que a atriz se parecia com um certa pessoa que ela conhecera há muito tempo.
> — Com quem?
> — Adriana. Lembra de Adriana?
> Sílvia desatou a rir, dizendo:
> — Mas que ideia!
> (*Sílvia*, op. cit., p. 80.)

Não devemos nunca esquecer que Adriana é enviada para o convento e cuja presença se dá em *Sílvia* através da atriz. Aurélia é quem representa Adriana o tempo todo — estratégia mais uma vez muito interessante e original porque a verdadeira Adriana está num convento e não teria presença física na história.

Dessa forma, não custa crer que a novela é circular: começa com a presença de Adriana no palco, e termina também com a presença dela em cena, embora por simulação. Uma, a primeira, de maneira subjetiva, sem que o autor esclareça, conduzindo o leitor através de um cenário sobre cena, e no final com o esclarecimento definitivo de quem é aquela a mulher:

> Uma aparição bem conhecida iluminava o espaço vazio e dotava de vida com um sopro e uma palavra essas vãs figuras que me rodeavam.
> (*Sílvia*, op. cit., p. 10.)

Uma análise bem rápida da frase nos coloca diante da estratégia do narrador. A expressão "bem conhecida" nos leva a acreditar que se trata da atriz "bem conhecida", alguém que tem fama, que já é conhecida pelo sucesso e por quem o personagem está apaixonado.

Não é nada disso.

A expressão "bem conhecida" na verdade se refere a Adriana, que, para ele, é "bem conhecida" e por quem sempre esteve apaixonado, daí sua presença no teatro. E "aparição" se refere a simulacro, simulação. Ou seja, a atriz Aurélia é apenas a simulação de Adriana. Na verdade, é Adriana.

> Simulacro – 1. Representação, imitação; 2. Falso aspecto; 3. Imagem, retrato; 4. Espectro, fantasma.
> (*Dicionário Houaiss da língua portuguesa*, 2. ed., Rio de Janeiro: Objetiva, 2001, p. 407.)

De forma que se concretiza o que estamos dizendo: Nerval arma um cenário sobre cena para fingir; leva o leitor a acreditar numa coisa (a representação de Aurélia) quando na verdade está dizendo outra (a presença de Adriana através de Aurélia).

Só para concluir este parte sobre a estratégia do narrador, lembro o discurso de Aurélia quando compreende o propósito do personagem-narrador.

Ao apresentar a novela ao leitor brasileiro, Fernando Sabino explica na introdutória:

> Não é de se estranhar que ele (Nerval) acreditasse em "metempsicose", ou seja, a passagem da alma, depois de morta, de um corpo para outro: o culto a esta e outras crenças esotéricas se explica pelo fato de se ter desde cedo, como leituras prediletas, velhos livros de misticismo e ciências ocultas.
> (*Sílvia*, op. cit., p. 5.)

— Você não me ama! Só espera que eu diga: a atriz e a freira são a mesma pessoa. No fundo, está elaborando um drama em que não vê desfecho. Não acredito mais em você, pronto!
(*Sílvia*, op. cit., p. 75.)

3. Catalogando os cenários

Por todas estas óbvias razões é que precisamos estudar um a um os cenários. Como fizemos com as cena. Cada qual para seu cada qual. É uma questão de justeza e de medida.

Dessa forma podemos dizer, de cara, que existem quatro tipos de cenários:

a) Cenário natural;
b) Cenário humano;
c) Cenário psicológico;
d) Cenário metafórico.

Para efeito de fixação, vamos mostrar os exemplos e pedir que você faça exercícios permanentes com estes estudos. Para quê? Para comprovar que, em arte, sobretudo na arte ficcional, é preciso ter disciplina e paciência. Examinemos. Não gosto desse examinemos, sabia? É muito solene, parece coisa de mestre-escola. No fim, não é mestre nem é escola.

a) Cenário natural

Já vimos isso, agora é lembrar, relembrar e estudar, confira. Tudo em nome da didática. Na minha terra se dizia devagar e sem descanso. Sem gemer, por favor, e sem suspirar.

> O mar está novamente agitado hoje, com rajadas de vento que despertam os sentidos. Em pleno inverno, a primavera começa a fazer-se sentir. Toda a manhã o céu esteve de uma pureza de

pérola; há grilos nos recantos sombrios, o vento despoja e fustiga os grandes plátanos... Sobre um fundo vermelho baço, pinceladas verdes, lilases, e reflexos carminados nas águas. No verão, a umidade do mar põe um brilho luminoso na atmosfera. Uma capa viscosa cobre todas as coisas.
(Lawrence Durrel, "Justine", *Quarteto de Alexandria*, Daniel Gonçalves (trad.), Lisboa: Ulisséia, 1973, pp. 9-10.)

Durrel é um baita escritor e a sua obra nem é muito divulgada no Brasil. A edição que tenho é portuguesa. Há algumas brasileiras, e nunca encontradas.

Você chegou na hora certa, percebeu que o cenário é estático e tem a função de parar a narrativa, provocando um efeito de beleza, causando leveza no leitor. Preparando-o para a situação novelesca ou para o sentimento do personagem.

Isto é o que chamo — ou chamamos? — de função e efeito.

Se você domina bem a função e o efeito, pode ter certeza, escreve bons textos. Aqui o leitor está seduzido, gosta do que vê, do que lê, mas não sabe que o escritor, de propósito, retarda o andamento da narrativa. Ou usa o cenário para esconder um fato novo ou para retirá-lo da ação. Mas você está deliciado, feliz, e não sabe que lhe estão roubando a carteira, como diz Autran Dourado.

No caso do enredo, o narrador desvia a atenção dos fatos e segura a atenção do leitor. Prepara-o para a ambientação da história. Sem esse fundamental elemento interno, "Justine" nem de longe será o mesmo romance. Ele precisa de uma ambientação que faça o leitor se envolver, sem no entanto causar danos no tempo narrativo.

Devagar, é jogo no jogo. Olho no olho. E atenção.

A habilidade continua. Vamos em frente.

b) Cenário humano

> A escola terminara. Por sobre o pátio cimentado e pelo portão corriam os bandos de libertados, dividiam-se e se afastavam para a direita e esquerda. Os alunos mais crescidos seguravam, com

dignidade, suas trouxinhas de livros apertadas ao ombro esquerdo, remando com o braço direito contra o vento e de encontro ao almoço; os petizes se punham alegremente a caminho, fazendo o mingau de gelo respingar em volta deles e os sete instrumentos da ciência batem dentro das pastas e couro de foca. Mas, de vez em quando, com expressão de beatitude nos olhos, todos arrancavam o boné para um professor de chapéu alto e barba de Júpiter que caminhava com passos comedidos.
(Thomas Mann, *Tônio Kroeger*, Maria Deling (trad), São Paulo: Abril Cultural, 1971, p. 11.)

É fácil observar que, embora sejam figuras humanas, meninos no recreio do colégio, não há função narrativa de ação. Isto é, aquela ação que leva o personagem — ou os personagens — a tomar uma atitude de enredo ou desenvolvimento.

Isso mesmo, aproxime o olho do papel, tome a pinça, desconfie do narrador e do autor, eles estão tramando contra você. Estão tramando? Que palavra boa. Tramando vem de trama. E trama também quer dizer brincadeira, esperteza. É melhor do que examinemos. Concorda?

Tem também o efeito de parada, de sustentação da narrativa, que não conduz a lugar algum. De alguma forma distrai o leitor que, às vezes, todo serelepe, engana-se, é retirado da verdadeira ação.

Faltam no cenário humano, assim como no cenário natural, os três elementos essenciais da cena: personagem, ação, e sequência.

A vantagem deste cenário humano sobre o cenário natural é que ele dá a falsa impressão de movimento e o leitor procura encontrá-lo ali. Não raro pensa mesmo que encontrou. Imagina que está sendo conduzido a uma solução de enredo. Com certeza. O primeiro, contudo — o cenário natural —, tem maior plasticidade. Os dois exigem muito do narrador.

Só mais um exemplo de cenário humano, com forte movimentação, mas cuja função é dar a dimensão trágica do assassinato de um personagem em *Abril despedaçado*.

> Os chocalhos dos rebanhos que voltavam ao lugarejo de Brezftoht, o som dos sinos vespertinos e todos os ruídos do anoitecer davam a impressão de arcar com o peso da recém-anunciada notícia de morte.
> Observava-se um movimento inusitado nas ruelas da aldeia. Algumas tochas, parecendo frias por não ser ainda noite fechada, flamejavam mais longe, nos limites do povoado. Havia um vaivém diante da casa do morto. Outras pessoas, aos pares ou em grupos de três, partiam para um lugar qualquer ou voltavam não se sabe de onde.
> (Ismail Kadaré, *Abril despedaçado*, Bernardo Joffily (trad.), São Paulo: Companhia das Letras, 2001, pp. 10-1.)

O equilíbrio e a tensão da narrativa colocam o leitor diante da situação de violência e força que se desenvolve no romance. Há movimento de pessoas, sim, um "movimento inusitado", mas nenhuma delas contribui para a ação dramática.

E, ao contrário do exemplo de Thomas Mann, não tem efeito de parada. Faz a narrativa aparentemente caminhar.

Coloca-o diante de uma ação que não é ação.

Um legítimo cenário humano.

c) Cenário psicológico

> O dia estava amanhecendo. Nem era preciso a claridade, a imprecisão das matas se descobrindo, a lerdeza do ar frio. Bastava o desafio dos galos, o cântico dos passarinhos, os ruídos que anunciam a manhã. À noite os ruídos são escondidos, misteriosos. Durante o dia, não; durante o dia os galos cantam vermelho, um grito, outro acolá. Não sem solidão. Mas sem o encanto da noite.
> (Raimundo Carrero, "As sementes do sol", *O delicado abismo da loucura*, São Paulo: Iluminuras, 2005, p. 231.)

Veremos este cenário com cuidado.

Com atenção, observe que o cenário psicológico tem uma ligação muito profunda com a cena interior, aquela que corre dentro do personagem, na sua alma, na sua consciência ou inconsciência. Na verdade, ele estava vendo mais na sua alma do que no lado de fora.

Aqui o cenário é trabalhado pelo olho interno do personagem, de acordo com o seu estado de espírito. De forma que ele não vê o cenário como ele é, mas de acordo com os seus sentimentos.

Perceba que os ruídos são simbólicos, assanham o coração, arranham os sentimentos. E os galos martirizando, atormentando. Durante o dia, não, durante o dia os "galos cantam vermelho", não são infelizes. São alegres. Plenamente.

E a cena não se movimenta, integra a dor do personagem.

Venha comigo e fique atento. Osman Lins mostra um ótimo exemplo.

> Emma Bovary acaba de receber, de Rodolfo, uma carta de rompimento (com o que ela retorna, desesperada, à aridez da sua vida) e refugia-se no sótão para lê-la. [...]
> À frente, para lá dos telhados, a campina estendia-se a perder de vista. Embaixo, a praça da aldeia estava deserta; as pedras das calçadas cintilavam, as ventoinhas das casas estavam imóveis; da esquina da rua vinha dum andar térreo uma espécie de ronco das modulações estridentes. Era Binet que trabalhava no torno.
> (*Lima Barreto e o espaço romanesco*, São Paulo: Ática, 1976, pp. 81-3.)

Vou passar a palavra ao próprio Osman Lins para que ele explique melhor. Não fica bem assim?

> As imagens denotam o horror da sua vida nessa aldeia morta e onde, na hora canicular, nem sequer se movem as ventoinhas (o que seria, apesar de tudo), uma nota de alegria; o rumor do torno dirige-se às suas fontes, afligindo-a, como antes o calor que desce das ardósias, e acentua um silêncio de que o texto não fala; a ausência de figuras humanas e a campina estendendo-se "a perder de vista" ampliam a solidão e o vazio de Emma.
> (*Lima Barreto e o espaço romanesco*, op. cit., p. 81.)

Verifique bem isso, observe aquela primeira cena onde procuramos mostrar o cenário psicológico, e perceberá que a narrativa é diferente do cenário humano e do cenário natural. Muda completamente. Aí o personagem está atormentado, inquieto, e vê com densidade, com dramaticidade.

Por isso se chama cenário psicológico.

Estruturado no esquema dos olhares, que nós estudamos noutra aula. Não perde a tensão. O movimento interno continua forte. Torna-se ainda mais forte e belo quando vários cenários são trabalhados por personagens diversos. Leva alguma vantagem sobre os outros dois? Exatamente isso: permite que o leitor não saia do texto central e seja capturado com facilidade. Mesmo assim, as vantagens são relativas. Tudo depende, logicamente, da função e do efeito. E veja bem, atenção, dá a entender que o desenvolvimento — ou o enredo — continua.

Você está muito colado no texto. E mais, ainda mais: você está dentro do texto.

Só repetindo: os dois primeiros cenários — natural e humano — tiram o leitor da história e ele fica parado, assim como acontece com o perfil físico e com o perfil físico-psicológico. No cenário psicológico — como acontece com o perfil psicológico — a narrativa dá a impressão de caminhar, de andar, mas permanece quieta, parada, embora às vezes ceda um pouco de espaço, conforme a técnica: solilóquio, monólogo interior e fluxo da consciência, que são coisas muito diferentes.

e) Cenário metafórico

Um dos cenários mais ricos da prosa de ficção. Mas é preciso atenção redobrada. Cuidado absoluto. Exige engenho e arte. Incrível habilidade. Ele aparece de forma muito clara no *Romance d'A pedra do reino*, de Ariano Suassuna, e de maneira até didática.

Veja o exemplo.

Ariano abre o romance apresentando um cenário natural, assim:

>   Daqui de cima, no pavimento superior, pela janela gradeada da Cadeia onde estou preso, vejo os arredores da nossa indomável Vila sertaneja. O Sol treme na vista, reluzindo nas pedras mais próximas. Da terra agreste, espinhenta e pedregosa, batida pelo Sol esbraseado, parece desprender-se um sopro ardente, que tanto pode ser o arquejo de gerações e gerações de Cangaceiros, de rudes Beatos e Profetas, assassinados durante anos entre pedras selvagens, como pode ser a respiração dessa Fera estranha, a Terra — esta Onça-Parda em cujo dorso habita a raça piolhosa dos homens. Pode ser, também, a respiração fogosa dessa outra Fera, a Divindade, Onça-Malhada que é dona da Parda, e que, há milênios, acicata a nossa Raça, puxando-a para o alto, para o Reino e para o Sol.
>   (*Romance d'A pedra do reino*, 5. ed., Rio de Janeiro: José Olympio, 2004, p. 31.)

Prestando bem a atenção, se observa que o cenário natural vai dando espaço ao cenário metafórico, mas que não se concretiza por causa do símile — "parece desprender-se..."; pode ser o arquejo de gerações..."; "como pode ser a respiração...". Sem esquecer jamais: o símile se realiza pela comparação e não pela substituição da imagem.

O cenário metafórico se mostra aqui, veja:

>   Daqui de cima, porém, o que vejo é a tripla face, de Paraíso, Purgatório e Inferno, do Sertão. Para os lados do poente, longe, azulada pela distância, a Serra do Pico, com a enorme e alta pedra que lhe dá nome. Perto, no leito seco do Rio Taperoá, cuja areia é cheia de cristais despedaçados que faíscam ao Sol, grandes Cajueiros, com seus frutos vermelhos e cor de ouro. Para o outro lado, o do nascente, o da estrada de Campina Grande e Estaca Zero, vejo pedaços esparsos e agrestes do tabuleiro, cobertos de Marmeleiros secos e Xiquexiques. Finalmente, para os lados do norte, vejo pedras, lajedos e serrotes, cercando a nossa vila e cercados, eles mesmos, por Favelas espinhosas e Urtigas, parecendo enormes Lagartos cinzentos, malhados de negro e ferrugem; Lagartos venenosos, adormecidos, estirados ao Sol e abrigando Cobras, Gaviões e outros bichos ligados à crueldade da Onça do Mundo.
>   (*Romance d'A pedra do reino*, op. cit., p. 31.)

Agora a constatação:

No cenário natural, o narrador d'*A pedra do reino* vê o sol que treme na vista e os outros elementos que "podem ser" iguais a outros elementos imagéticos — símile.

No parágrafo seguinte aquilo tudo não é parecido nem igual, é o elemento metafórico que ocupa o lugar do natural. Isso mesmo, não parece, é. Não é semelhante, não é igual. Uma imagem — mais uma vez — ocupa o lugar da outra.

Assim:

> Daqui de cima, porém, o que vejo agora é a tripla face, de Paraíso, Purgatório e Inferno, do Sertão.

Por isso em seguida o autor parece esquematizar um cenário natural, mas ele está dentro da questão metafórica, preparado pela adversativa "porém", da primeira frase.

Ou seja, não é a descrição pura e simples do cenário natural, mas o conjunto de elementos que faz parte desta "tripla face, de Paraíso, Purgatório e Inferno".

Os três elementos estão dessa forma distribuídos:

a) Paraíso: "Para os lados do poente, longe, azulada pela distância, a Serra do Pico, com a enorme e alta pedra que lhe dá nome. Perto, no leito seco do Rio Taperoá, cuja areia é cheia de cristais despedaçados que faíscam ao Sol, grandes Cajueiros, com seus frutos vermelhos e cor de ouro;
b) Purgatório: "Para o outro lado, o do nascente, o da estrada de Campina Grande e Estaca Zero, vejo pedaços esparsos e agrestes de tabuleiros, cobertos de Marmeleiros secos e Xiquexiques";
c) Inferno: "Finalmente, para os lados do Norte, vejo pedras, lajedos e serrotes, cercando a nossa Vila e cercados, eles mesmos, por Favelas espinhosas e Urtigas. Parecendo enormes Lagartos cinzentos, malhados de negros e ferrugem; Lagartos venenosos,

adormecidos, estirados ao Sol e abrigando Cabras, Gaviões e outros bichos ligados à crueldade da Onça do Mundo".

Com exceção de um breve "parecendo", todos os outros elementos se reúnem para formar o cenário metafórico, que não só embeleza como cria condições para que se veja aí a transcendência narrativa, passando do cenário natural para o cenário metafórico.

Exercício

Tente escrever uma cena em que se mova uma perso-nagem — ou um personagem — que represente, por exemplo, uma figura histórica. Depois coloque um cenário. Isto é cena sobre cenário. Em seguida, tome outro parágrafo, e procure demonstrar ali os sentimentos de outro personagem com relação ao primeiro. Um parágrafo deve contradizer o primeiro, sem que necessariamente fique muito claro. E mais: tente transformar um cenário natural em cenário humano. Em seguida, pegue o cenário humano e transforme em psicológico. Finalmente, o cenário psicológico em cenário metafórico.

Por hoje é só.

Boa sorte.

Décima Aula
FOCO NARRATIVO E PONTO DE VISTA

A partir de agora vamos fazer revisões e aprofundamentos. Enfocaremos assuntos já apresentados e faremos com que eles possam alcançar novos pontos de debate, facilitando o entendimento, envolvendo novas questões, sem perder o fio da meada.

Por isso, aqui a gente retoma o nosso texto inicial para, enfim, estudar ponto de vista e foco narrativo, passando pelas questões elementares de cenas, cenários, diálogos e digressões.

Na verdade, vou fazer uma longa revisão dos nossos temas. Com certeza eles ficarão mais bem esclarecidos e poderemos aprofundá-los. Tentarei ser o mais didático possível, ponto a ponto, momento a momento, assunto por assunto. Veja com atenção o que será feito.

Observaram?

Espera aí. Só um momento. É preciso uma trégua. Observaram a mudança de foco narrativo? Ou você observou?

Observou?

Aqui foi feita uma alternância no pronome pessoal: observaram — "vocês" — e "observou" — "você" —. Isso causa, no interior do texto, mudanças fundamentais. Provocam o leitor: "vocês" leva-o para mais distante; e "você" chama-o para perto.

Chegue mais perto com a pinça. Vamos para os primeiros parágrafos do texto de hoje.

O que fiz, de propósito, aqui, nesta página, foi mudar a pessoa gramatical. No primeiro parágrafo usei a primeira pessoa do plural — "nós" — e, no segundo, o mesmo enfoque da gramática, mas no coloquial — "a gente". Isto é um ligeiro truque, um artifício, que o narrador pode usar para, nas cenas de maior cumplicidade, envolver o leitor — "a gente" —, ou para afastá-lo um pouco, quando chamado de "nós" — o "nós" tem um caráter impessoal, que envolve muitas vozes e, portanto, muitos interesses. De forma que aquilo que o narrador afirma pode não ter muita segurança.

Envolve ao mesmo tempo personagens e leitores, embora com menos responsabilidade.

Mais adiante, usei a primeira pessoa do singular — o "eu", que assume toda a responsabilidade do que diz, do quer afirma, do que caracteriza. Aí o embate entre o narrador, o personagem e o leitor é direto, ao contrário do "nós", que é absolutamente subjetivo.

Portanto, três focos narrativos para um só ponto de vista.

O que Gérard de Nerval, aliás, faz com incrível com-petência em *Sílvia*. Ele usa o "nós", por exemplo, em cenas que precisam demonstrar temporalidade — questões do tempo ou da época — e fecha mais a narrativa em primeira pessoa do singular "eu" — quando precisa assumir as consequências do texto ou da trama, isolar-se, afastar-se e conseguir, para ele, a adesão do leitor. Sozinho. Mesmo que na companhia de outros personagens.

E ainda dizem que foco narrativo é igual a ponto de vista. Não é.

Foco narrativo é a pessoa gramatical — primeira, segunda, ou terceira pessoas; há muito mais ainda — e ponto de vista corresponde ao enfoque, à opinião, à visão do personagem; a visão que o narrador ou o personagem têm dos seus problemas ou do mundo. Portanto, é possível usar vários pontos de vista, para também múltiplos focos narrativos, ou para um só foco narrativo, como veremos a seguir.

Em *Essa terra*, Antônio Torres usa, pelo menos, dois focos narrativos: eu — primeira pessoa — e ele — terceira pessoa. Quando a narrativa, por exemplo, pertence a Totonhim, aparece a primeira pessoa.

Assim:

> Naquela hora eu podia fazer uma linha reta da minha cabeça até o sol e, como um macaco numa corda, subir por ela até Deus — eu, que nunca tinha precisado saber as horas.
> (*Essa terra*, 15. ed., Rio de Janeiro: Record, 2001, p. 9.)

E quando o foco narrativo trata do pai, surge a terceira pessoa. Observe:

> O velho bateu a cancela, sem olhar para trás.
> Mas não pôde evitar o baque, o último baque: aquele estremecimento que fez suas pernas bambearem, como se não quisessem ir.
> (*Essa terra*, op. cit., p. 68.)

De forma que o narrador tem ampla liberdade para mudar o foco narrativo dentro de uma mesma obra, podendo ganhar sofisticação e adesão do leitor. E ainda seduz pela capacidade inventiva.

Então a narrativa torna-se mais rica e possibilita uma enorme variedade de textos dentro do mesmo romance.

Assim o escritor pode fazer também no segredo de suas palavras, através mesmo dos elementos internos. Se você observou bem, a montagem das cenas e dos cenários obedece à pulsação do(s) personagem(ns). Tem muito a ver com a respiração, conforme o conceito de Umberto Eco. Mas a respiração se dá sobretudo nas cenas, nos cenários, nos perfis, principalmente físicos, e nas digressões.

1. Um modelo narrativo

Neste momento, podemos avaliar, entre outras questões, o modelo que Percy Lubboch apresenta para a montagem do romance e, em consequência, de sua respiração.

É assim:

E o mesmo acontece com os meios, que eu divido em (1) cênicos e (2) panorâmicos — ficamos sempre à espreita para ver como se processa a alternação, como a história é vista ora de um plano mais alto, ora trazida para o nível do leitor. Aqui, mais uma vez, a necessidade da história parece, a espaços, puxar decisivamente numa ou noutra direção; e nós temos um livro que é, essencialmente, (3) uma visão ampla e geral ou (4) um encadeamento de cenas particulares. Quase sempre, porém, esperamos que a cena(5), logo depois, dê lugar a uma espécie de crônica ou sumário (6), e que este, por sua vez, prepare o caminho para o conjunto (4) que o remata. A colocação exata dessa conjuntura (7) no ponto adequado, de modo o esclarecer a nova face do tema (8) e levar avante a ação mediante a determinação de um cenário (9), figura, no meu entender, entre os principais cuidados do autor ao planejar um livro. Uma cena que não seja realmente desejada, e que não "faça" nada em especial — uma cena que, à míngua de preparação, deixa de produzir efeito — é uma falha na história, da qual, supomos, o romancista sempre se guarda.
(*A técnica da ficção*, Octávio Mendes Cajado (trad.), São Paulo: Cultrix/Edusp, 1976, p. 51.)

Atenção: este tipo de modelo deve ser visto como exercício. Não pode ser adotado como algo definitivo. Nos momentos em que o escritor precisa conhecer bem as possibilidades de sua narrativa, pode e deve ser usado. Em seguida, deve estar livre para procurar os caminhos da sua ficção. Mas os exercícios precisam ser feitos sempre.

Por isso venha aqui comigo e vamos trabalhar. Está bem assim?

Então, mesmo experimentalmente, podemos verificar que a montagem pede rapidez e respiração, que resulta na pulsação, trabalhando com o foco narrativo e o ponto de vista. Interessante, não é? Cenas, mais rápidas; cenários, mais lentos. Dessa forma, a cena pode transcorrer de acordo com a andamento e o ritmo do ou da personagem e os cenários solicitariam, digamos, maior participação do narrador oculto — pura estratégia.

Agora:

Primeiro (5) uma cena mais uma crônica ou sumário (6); ou seja, um cenário ou uma digressão; em seguida uma cena para rematar o episódio (7);

Segundo, Digressão (8), seguida de uma cena (9) e de um cenário (10).

Aí entram as questões de foco narrativo e ponto de vista. A primeira cena, por exemplo, pode ser trabalhada na terceira pessoa sob a perspectiva do personagem — ou da personagem, seguindo-se a crônica ou a digressão, segundo o ponto de vista do narrador, e em seguida outra cena já conforme a visão, digamos de outro personagem. Aí o episódio é rematado.

Depois uma digressão sobre o tema, novamente conforme o narrador, em movimentação aberta, prosseguindo mais uma cena, segundo escolha do narrador, e em seguida um cenário amplo.

Mais uma vez atenção: isso é uma sugestão. É sobretudo um exercício para exame do desenvolvimento do texto. Está bem assim?

Montagem é o campo mais importante da arte narrativa.

Só um momento, espera: você sabe mesmo o que é uma digressão? Ou para que serve?

Diz Ítalo Calvino:

> A divagação ou digressão é uma estratégia para protelar a conclusão, uma multiplicação do tempo no interior da obra, uma fuga permanente.
> (*Seis propostas para o próximo milênio*, Ivo Barroso (trad.), São Paulo: Companhia das Letras, 1990, p. 59.)

Calvino, além de sua própria convicção, cita Carlo Levi, estudioso da obra de Lawrence Sterne. O que é que Levi diz?

> Se a linha reta é a mais curta entre dois pontos fatais e inevitáveis, as digressões servem para alongá-la; e se essas digressões se tornam tão complexas, emaranhadas, tortuosas, tão rápidas que nos fazem perder seu rastro, quem sabe a morte não nos encontrará, o tempo

se extraviará, e poderemos permanecer ocultos em mutáveis esconderijos.
(*Seis propostas para o próximo milênio*, op. cit., p. 60.)

Um exemplo rápido: vários narradores podem também ter pontos de vista diferentes e um só foco narrativo, de forma que o texto corra em diversos ângulos sem perder a pessoa gramatical — no caso é aconselhado os imensos "ele" ou "ela". Aí aparecem as cenas de ângulo aberto ou fechado, os diversos tipos de cenário, diálogos — o *conteúdo literário*.

Definimos então a verdadeira obra de arte literária.

Não é melhor assim? Escrevemos tudo no Impulso, fomos à Intuição, vamos agora à Técnica e à Pulsação. Porque nos dois primeiros movimentos escrevemos aquilo que nos interessa contar porque aqui o que importa é a história. Você tem algum *conteúdo material*, já sabe o que quer, algumas anotações estão prontas, alguns aspectos da narrativa definidos, pise no pedal. Sem medo. Não esqueça nunca:

Em primeiro lugar o que interessa é a história. Sempre a história. Vá fundo. Conte tudo. Escreva tudo. Se tiver alguma dúvida, anote e avance. Contar a história é básico. Conheça a intimidade dos personagens. Observe as suas reações. Não se interrompa.

Exemplo: Digamos que você está escrevendo *Silvia*, de Nerval, e já sabe a história. Precisa contá-la. Conhece alguma intimidade dos personagens, da história, algumas cenas. E começa a trabalhar. Trabalha e trabalha. Vai contando, vai contando. Escreve. Escrevendo, escrevendo.

Então você começa assim:

> No dia em que o grupo de Aurélia fez uma representação em Dammartin, levei Sílvia ao espetáculo e perguntei-lhe se não achava que a atriz se parecia com uma certa pessoa que ela conhecera há muito tempo.
> — Com quem?
> — Adriana. Lembra de Adriana?

> Silvia desatou a rir, dizendo:
> — Mas que ideia!
> Depois, como que censurando a si mesma, suspirou:
> — Pobre Adriana... Morreu no convento de Saint-S... por volta de 1832.
> (*Sílvia*, op. cit., p. 80.)

Esta seria a cena inicial porque você já conhece a história que está escrevendo e gostaria de contá-la simplesmente. E vai que vai, tudo no Impulso. Mais tarde, já na Intuição, percebe que a história está muito nos olhos do leitor. É preciso seduzi-lo, trazê-lo para dentro da narrativa, conquistá-lo.

Aí atua a Intuição.

E você continua na ordem linear:

> Sentia-me dentro dela, e ela vivia só para mim. O seu sorriso me inundava de uma beatitude infinita: a vibração de sua voz suave, embora de timbre forte, fazia-me estremecer de alegria e de amor. Para mim tinha todas as perfeições e satisfazia todos os meus entusiasmos, todos os meus caprichos – bela como o sol quando iluminada pelas luzes da ribalta, pálida como a lua quando delas se afastava, ficando sob a luz de altos lustres, tornando-a mais natural, brilhando na sombra com a sua própria beleza, como as Horas Divinas, que se recortam com uma estrela na fronte, sobre os fundos pardos dos afrescos de Herculano.
> (*Sílvia*, op. cit., p. 10.)

Perceba que estou dando a ordem linear à história — ou melhor, a minha ordem linear, porque me parece importante que você perceba que há uma ordem mais simples na história e que a desvenda por inteiro. Pela numeração das páginas, você já compreendeu que minha ordem não é a ordem de Nerval. Neste instante: o diálogo com Sílvia está na última pagina, última cena, mas resolvi fazer o seguinte: trouxe a última cena para primeira e, em seguida, apresentei o cenário sobre cena do princípio da história.

Não é verdade?

Se você escreve assim, nesta ordem, estará contando uma boa história linear, sem dúvida.

Mas assim ela perde o Encantamento.

Sabe o que é o Encantamento? É o mistério interior, a luz que ilumina o interior, o segredo cravado na carne do narrador. E não é coisa das musas, dos deuses da literatura, é trabalho, esforço concentrado, empenho.

Não é nada irracional, não. Não é irresponsabilidade nar-rativa, não. É construção habilidosa do tecido narrativo. Aquilo que se chama tessitura e que vai resultar no texto pleno.

Por isso é que escrevemos para os olhos.

Nerval, na sua incrível habilidade técnica, mudou a ordem da história. Colocou o começo no fim — do ponto de vista estratégico — e o fim no começo. Tudo isso simbolicamente. Literatura é símbolo, metáfora, significado. De forma que o texto se realiza não pela lógica, mas por uma espécie de tempo e espaço psicológicos.

No nosso caso, o foco narrativo em primeira pessoa do singular permanece o mesmo, mas o ponto de vista se alterou. Por quê? Porque no texto de Nerval foi criado, conforme Proust, um efeito--névoa — nenhuma certeza, nenhuma convicção: o personagem vai ao teatro ver uma atriz.

No texto que sugerimos — a última cena no lugar da primeira — já se sabe que Adriana é representada por Aurélia. Portanto, o narrador não vai ao teatro ver Aurélia, a atriz, mas Adriana, a mulher amada, no caso "uma aparição".

Vem daí, portanto, a diferença entre foco narrativo e ponto de vista.

Isso é fundamental. É decisivo. Por isso precisamos, agora, escrever tudo o que estamos tentando desde o início do nosso trabalho — o primeiro capítulo de um romance —, com cautela e paciência. Às vezes esse negócio de repetir, repetir e repetir os textos enche o saco. Compreendo perfeitamente. É que a disciplina é repetitiva, às vezes monótona. A repetição, no entanto, provoca a fixação.

Já disseram tanto isso por aí, não foi? Repetir, fixar, repetir, fixar, repetir, fixar. Lembra um mantra. Você vibra com o universo. Você vibra com o texto. Está bom assim? Dessa forma, esqueça repetição e lembre-se de vibração.

2. Visão do texto

Vamos deixar Nerval um pouco para lá. Podemos ter agora uma visão completa do nosso texto, daquele capítulo de romance que estamos escrevendo. Vamos lá:

> Ela apareceu diante dele, iluminada pelo sol. Os cabelos puxados para trás, desnudando na risca da testa a brancura do couro cabeludo, revelavam a maciez da face, intocada, de extrema delicadeza. Nas proximidades das orelhas caíam soltas algumas mechas. Encantada.
> Sentiu que era observada e, com segurança e ternura, enfrentou o olhar determinado. Tentou por diversas vezes compreender o que estava acontecendo, mas logo desviou os olhos, distraindo-se com a água, um ingênuo, apenas um ingênuo. A pequena onda vinha e voltava, tocando-lhe nos pés. Interrompendo o silêncio. Talvez pudesse apenas perguntar seu nome. Brincar com ele, o pobre menino. Até o momento em que os olhos se encontraram. Ficaram assustados. Devagar, lenta, andou em direção à praia, de onde o rapaz a observava, enquanto outras pessoas brincavam e pulavam.
> — E aí? Lembram plumas de verdade.
> — Você gosta?
> — É uma tatuagem muito bem feita. E na coxa fica linda.
> — Você não me parece uma pessoa estranha, fiquei muito, muito tempo lhe observando.
> — É uma garça, não é?
> — Sim, é uma garça.
> Entardecia e a praia se esvaziava, poucos casais bebiam nas barracas, alguns transformados em silhuetas, e as ondas permitiam um jogo de luz, entre chumbo e esmeralda, na superfície de um mar sem velas. Um navio deslizava bem distante, escapulindo no

meio de uma serena corrente de ventos. Somente alguns coqueiros eram movidos com lentidão, inclinavam-se, e indicavam o mar alto, onde o navio, em meio a luzes quase vagalumes, começava a desaparecer.

Aqui temos todo o texto em que estamos trabalhando desde o início, não é verdade? Fizemos uma longa viagem com Joyce e Thomas Mann, depois procuramos os nossos próprios recursos, avançamos com Lawrence Durrel. Montamos cenas, perfis, diálogos, cenários, num exercício lento, demorado. Às vezes monótono? Concordo.

Um destaque muito curioso, puro jogo.

Quando você definir o que está querendo realmente com o seu texto, observe o seguinte detalhe e leia bem a última frase do segundo parágrafo:

> Devagar, lenta, andou em direção à praia, de onde o rapaz a observava, enquanto outras pessoas brincavam e pulavam.

Já vimos este assunto de alguma maneira noutra aula. Pela riqueza de sua qualidade será preciso aprofundar ainda mais. Fique atento, muito atento, chegue comigo.

Se você quiser que o personagem esteja vendo apenas a personagem, sem qualquer outra visão, foco narrativo fechado, permaneça com o pronome A. Então: "A observava".

Já sabe, não é?

Se pretende, no entanto, indicar que o personagem observa tudo, foco narrativo aberto, todo o conjunto de elementos que forma a paisagem, retire o pronome A. Não está lembrado? Pode parecer um erro gramatical, mas não é. Aí a gramática está a serviço da ficção. E não o contrário.

1ª Variante, foco narrativo na terceira pessoa, cena de ângulo aberto: "Devagar, lenta, andou em direção à praia, de onde o rapaz observava, enquanto outras pessoas brincavam e pulavam".

2ª Variante, foco narrativo na terceira pessoa, cena de ângulo fechado: "Devagar, lenta, andou em direção à praia, de onde o rapaz a observava, enquanto outras pessoas brincavam e pulavam".

3ª Variante, foco narrativo na terceira pessoa, cena interna, mas não psicológico; a diferença está no fato de o personagem "examinar" a personagem conforme sua densidade interior: "Devagar, lenta, andou em direção à praia, de onde o rapaz a observava, enquanto outras pessoas brincavam e pulavam".

3. Masculino, feminino

Escute só: o foco narrativo é a terceira pessoa do singular — ele, ela—, de acordo com a voz do narrador. Pronto. Quem conta é o narrador oculto. Mas de quem é o ponto de vista? Inicialmente, o ponto de vista parece ser apenas do narrador. Engano. Chegue perto do parágrafo, leia-o bem, com muita atenção.

Na verdade há, pelo menos, dois pontos de vista.

Primeiro ponto de vista: do rapaz. Que descreve a moça com detalhes físicos. O segundo é da moça, que não traça um perfil físico do rapaz e passa "muito, muito tempo" observando-o.

Aí está o segredo.

Isso é tão forte, tão verdadeiro, que se você mudar a posição dos dois primeiros parágrafos, o ponto de vista da narrativa inteiro passa a ser feminino. Era masculino e agora é feminino.

Por quê?

Porque no texto original o primeiro ponto de vista é do rapaz e o leitor é induzido a pensar tudo na perspectiva dele.

Quando você faz a inversão, ou seja, passa o segundo parágrafo para o primeiro, e o primeiro para o segundo, o ponto de vista é feminino. Tudo é visto na perspectiva da moça. Só.

Vamos, dessa forma, trabalhar a estrutura do capítulo, fazendo as alterações com cuidado. Um passo aqui, outro ali, sem afobação.

Só uma anotação rápida: lembre-se de uma coisa: aquela frase — "devagar, lenta, andou..." — muda de lugar, está bem? Muitas vezes, quando estamos tentando alterar pontos de vista precisamos mudar a posição de frases, de parágrafos, cerzir, costurar as situações. Dar unidade.

a) Masculino

Agora vamos ao trabalho:

> Ela apareceu diante dele, iluminada pelo sol. Os cabelos, puxados para trás, desnudando na risca da testa a brancura do couro cabeludo, revelavam a maciez da face, intocada, de extrema delicadeza. Nas extremidades das orelhas caíam soltas algumas mechas. Encantada.

Todo este parágrafo é escrito na perspectiva do rapaz, esta é a opinião dele, é ele quem vê e conta, certo? Portanto, o ponto de vista é dele, não é do narrador, que apenas acompanha o olho do personagem. E a narrativa continua na terceira pessoa.

Portanto, texto com foco narrativo em terceira pessoa e ponto de vista masculino. Foco narrativo fechado.

Você está entendendo, não está? Está claro? Observe bem: o narrador escreve mas sob a perspectiva do personagem, do rapaz.

b) Feminino

Agora, se você mudar a posição dos parágrafos, fica muito diferente. Ou seja: a narrativa continua na terceira pessoa mas o ponto de vista é feminino.

O capítulo começa com a opinião dela e dará sempre a impressão de que ela é narradora. Isso é mágico. Muda também, e completamente, o ponto de vista do leitor. Fica claro assim: leitor também tem ponto de vista. Não se engane.

Vamos ao exemplo:

> Sentiu que era observada e, com segurança e ternura, enfrentou o olhar determinado. Tentou por diversas vezes compreender o que estava acontecendo, mas logo desviou o olhar, distraindo-se com a água, um ingênuo, apenas um ingênuo. A pequena onda vinha e voltava, tocando-lhe nos pés. Inter-rompendo o silêncio. Talvez pudesse apenas perguntar seu nome. Brincar com ele, o pobre menino. Até o momento em que os olhos se encontraram. Ficaram assustados. Devagar, lenta, andou até a praia, de onde o rapaz a observava, enquanto outras pessoas brincavam e pulavam.
>
> Ela apareceu diante dele, iluminada pelo sol. Os cabelos puxados para trás, desnudando na risca da testa a brancura do couro cabeludo, revelavam a maciez da pele, intocada, de extrema delicadeza. Nas proximidades das orelhas caíam algumas mechas. Encantada.

O ponto de vista, definitivamente, é feminino, e a narrativa ganha outra perspectiva. Sem dúvida. Foco narrativo é uma coisa, ponto de vista é outra. Homens para um lado, mulheres para outro.

É brincadeira, é brincadeira. É muito bom tudo juntinho. Tem até uma música da década de 1960: "Felizes juntinhos". Fica bem assim? "The Mamas and The Papas". Nem sei, acho.

Está esquecido de uma coisa? Desloque a frase:

> Devagar, lenta, andou até a praia, de onde o rapaz a observava, enquanto outras pessoas brincavam e pulavam.

Do fim do primeiro parágrafo para o fim do segundo parágrafo. Não fica bem ela andar enquanto é observada. Pelo menos, nesse caso.

4. Narrador oculto — a quarta variante

Há, ainda, uma quarta variante. Trata-se da variante do narrador oculto. É mais uma questão de tesoura e cola.

Pegue o terceiro parágrafo, o cenário natural (veja página 164), corte e coloque-o na abertura do capítulo. Está vendo? Tem o mesmo foco narrativo — ele, ela — e um novo ponto de vista. Não pertencem mais nem ao personagem nem à personagem. Alguém conta — narrador oculto — e não se revela. Os personagens pertencem a esse narrador — não têm vida própria. Precisam de ajuda para sobreviver.

Ponto de vista narrativo completamente aberto porque é trabalhado por alguém que, vendo a distância, observa tudo. Pode nem saber de tudo, mas tem o comando da narrativa, mesmo quando pede ajuda aos personagens. Aqui o narrador começa o texto pelo cenário natural, entrega-o ao personagem e depois à personagem, preparando o diálogo.

Ou pode ser o inverso: o narrador começa, entrega o texto à personagem e depois ao personagem. A dança dos olhares é magnífica. Toda a questão está na aparente impessoalidade. Há um faz de conta incrível.

O narrador faz de conta que não sabe, pede ajuda à personagem — ou ao personagem —, o(a) personagem faz de conta que não sabe, passa a narrativa ao leitor que, por sua vez, pede ajuda ao narrador.

Está lembrado do esquema dos olhares? Está na quinta aula. O jogo é verdadeiro e encantador. Basta um pouco de paciência. E disciplina. Repetindo sempre: na narrativa é preciso ter muita paciência e muita disciplina. Trabalho obstinado. E sempre.

Jogo de olhares e de vozes, não é mesmo? Perceba:

a) Voz do narrador: "Entardecia e a praia se esvaziava, poucos casais bebiam nas barracas, alguns transformados quase em silhuetas, e as ondas permitiam um jogo de luz, entre chumbo e esmeralda, na superfície de um mar sem velas..."
b) Voz do personagem: "Ela apareceu diante dele, iluminada pelo sol".
c) Voz da personagem: "Sentiu que era observada e, com segurança e ternura, enfrentou o olhar determinado".

Vamos agora com a pinça, está lembrado? Você já percebeu que o ponto de vista é feminino, falseado e escondido pela voz do narrador, mas há vozes estranhas se entrecruzando. Com habilidade você observou que a narrativa em terceira pessoa também tem aspecto de primeira pessoa. Uma coisa não muito convencional aconteceu aí, não aconteceu?

Aproxime o olho, aproxime bem os olhos, respire fundo e leia com os olhos fechados, se for possível. E leia em voz alta. Há uma coisa estranha.

Discurso indireto livre, com certeza. Isso, isso. Somos vitoriosos. Além da perspectiva agora ser feminina, um detalhe a se acrescentar: ela pensa, ela fala, mostra a opinião. Ainda que não pareça. Por isso o ponto de vista é feminino.

Mais um segredo da ficção. Veja bem:

Um ingênuo, apenas um ingênuo...

O narrador finge que está falando. E é mentira. Artifício de bom sedutor. Quem está falando é a personagem. E ela quem diz: "Um ingênuo, apenas um ingênuo..."

Faça o mesmo. Faça um exercício de discurso indireto livre. Com atenção. Escolha uma frase e coloque dentro da frase a opinião do personagem. Fundamental. Básico.

Está tentando? Tentou? Assim é que se faz.

Não está satisfeito ainda? Voltando à atitude anterior, exercitando-se, repetindo: Então pegue papel, tesoura e cola. Isso. Se você quer mesmo que o narrador conte, agora mude tudo. Completamente. Comece pelo cenário natural. Corte todo o cenário e cole-o acima dos dois primeiros parágrafos. Colou?

Assim:

Entardecia e a praia se esvaziava, poucos casais bebiam nas barracas, alguns transformados quase em silhuetas, e as ondas permitiam um jogo de luz, entre chumbo e esmeralda, na superfície de um mar sem velas...

A narrativa é impessoal, vista de longe, em grande angular, e só aos poucos, aos poucos, o narrador vai trazendo os personagens para dentro do capítulo. Você percebeu que a narrativa ficou mais aberta, mais solta, mais leve. E, no entanto, cheia de segredos, de mistérios, de sinuosidades. Numa ampla perspectiva e com uma respiração leve.

5. Movimentos essenciais

Nos dois parágrafos anteriores o texto ficou fechado nos personagens — um vendo o outro. Muito elaborado. Muito sutil. Agora ocorre o contrário: a visão do leitor ficou mais solta. Saiu um pouco dos personagens e concedeu maior liberdade ao leitor.

E por que assim?

Porque depende da função e do efeito. Está bem? O narrador tem sempre que definir e trabalhar os seis movimentos que elaboram uma cena ou um cenário, um conto, novela, ou romance.

No meu livro *Os segredos da ficção* cataloguei cinco, mas decidi acrescentar mais um.

São eles:

a) Tom;
b) Extensão;
c) Função;
d) Efeito;
e) Andamento;
f) Ritmo;

Assim começamos a sair do campo da Técnica para investir na Pulsação Narrativa — o conjunto de elementos que permite a construção do texto literário por meio já não da forma tradicional mas do pulso do personagem, da cena e do leitor. Pode quebrar a sintaxe convencional, optar por muitos andamentos internos, que o método formal não permite.

Se você prestou bem atenção, o tom foi definido no primeiro parágrafo. Quando o conto se inicia na perspectiva dos personagens há leveza, mas o andamento é um pouco rápido, sobretudo quando aparece a voz da personagem no discurso indireto livre. No entanto, quando o texto é entregue ao narrador, o tom é ainda mais solto, o que permite um andamento aberto, preguiçoso. O andamento só se altera, radicalmente, no diálogo direto, tradicional, porque ele tem mesmo essa função: de acelerar a narrativa, em princípio.

Então, já falamos em tom, função, andamento e ritmo.

Quando está na perspectiva dos personagens, o efeito é de, contraditoriamente, mistério e euforia. Mistério no texto, e euforia nos olhares. Não é bom assim? No entanto, na perspectiva do narrador o efeito é de relaxamento. No ritmo, trabalhado junto com o andamento, encontra-se a unidade dos fatos, a harmonia das sequências.

Está entendendo mesmo?

E a extensão? O escritor tem que saber o tamanho — isso mesmo —, o tamanho do capítulo, que efeito quer causar no leitor. Não é correto que uma narrativa densa tenha que ter um grande número de páginas. Num texto mais leve, a extensão pode ser maior, mais longa, mais elástica. Só lembrando que Edgar Allan Poe catalogou os primeiros movimentos na *Filosofia da composição*.

6. E o poema?

É claro que não esqueci o poema de hoje. Através dele podemos procurar os primeiros resultados da aula.

Vamos a ele:

O ADORMECIDO DO VALE

Era um recanto verde onde um regato canta
Doidamente a enredar nas ervas seus pendões
De prata; e onde o sol, no monte que suplanta,
Brilha: um pequeno vale a espumejar clarões.

Jovem soldado, boca aberta, fronte ao vento,
E a refrescar a nuca entre os agriões azuis,
Dorme; estendido sobre as relvas, ao relento,
Branco em seu leito verde onde chovia luz.

Os pés nos juncos, dorme. E sorrio no abandono.
De uma criança que risse, enferma, no seu sono:
Tem frio, ó Natureza — aquece-o no teu leito.

Os perfumes não mais lhe fremem as narinas;
Dorme ao sol, suas mãos a repousar supinas
Sobre o corpo. E tem dois furos rubros no peito.
(Arthur Rimbaud, *Poesia completa*, Ivo Barroso (trad.), Rio de Janeiro: Topbooks, 1995, p. 109.)

Observe que este é um soneto narrativo. Então observe a montagem, que estudamos tanto nesta aula. Em primeiro lugar as imagens mostram-se claras e objetivas, com muitas cores ("recanto verde"; "agriões azuis"; "branco em seu leito" etc.), e metáforas diretas, fortes e belas ("um pequeno vale a espumejar clarões"; "branco em seu leito verde onde chovia luz" etc.) e a Pulsação Narrativa se realiza no ritmo ternário — 1, 2, 3; 1, 2, 3; 1, 2, 3. Além disso, o poeta elabora todo o poema no sentido da emoção estética, sem aquele exagero romântico da morte. Não é verdade?

Então ele prepara o leitor para o verso final, com a habilidade de quem borda um tecido. Avisa, sim, o que vai acontecer, mas pela elaboração literária. Sem aquela emoção do sangue que estraga o verso. Embora na segunda estrofe diga que o soldado dorme, já na segunda prepara a cena através da palavra "enferma", e através do verso "de uma criança que risse, enferma, no seu sono". E até insiste na possibilidade de que ele é apenas um adormecido no penúltimo verso do poema, através da expressão "dorme ao sol", para imediatamente em seguida oferecer a visão da morte "suas mãos a repousar supinas sobre o corpo". E termina com uma imagem que, ainda que não sendo afirmativa, sem a palavra morte, resolve o tema:

E tem dois furos rubros no peito.

Exercício

Durante a próxima semana tente escrever um conto em que possa, mais tarde, mudar o ponto de vista e até o foco narrativo. Não se esqueça do papel, da tesoura e da cola. Está difícil? Aí na outra página do jornal deve ter uma história. Coloque nela um novo personagem e escreva. Pense nos movimentos essenciais e no esquema dos olhares.

Décima primeira Aula
PERSONAGEM DE CRIAÇÃO DIRETA E INDIRETA

A montagem de um romance corresponde à edição de um filme. Aliás, o cinema já aprendeu com a ficção, sobretudo com o teatro, através das lições de Aristóteles. E daí para a frente, com certeza. Tudo por causa do ponto de vista do narrador, da equilibrada — ou desequilibrada — distribuição das cenas, dos diálogos e dos cenários, dos cortes, das elipses etc.

Uma cena ilumina a outra, um cenário permite melhor respiração — lenta, compassada ou ligeira —, o corte exibe ou esconde o personagem, aprofunda ou fecha um movimento, remete o diálogo a uma ação, e o leitor tem maiores possibilidades de emoção estética.

O segredo está naquilo que o escritor precisa conseguir do leitor.

Ou seja, pede a adesão do leitor com uma estrutura narrativa que envolve, se mostra em cada uma das partes, na composição dos seus elementos internos.

1. As técnicas se revelam

Mais uma vez e para sempre: antes de buscar as técnicas que vai usar no seu romance escreva tudo que precisa, conte de maneira linear no caderno de anotações, faça uma frase, depois um parágrafo, procure estabelecer um sumário ou um argumento. E vá em frente.

À medida que a história nasce, as técnicas se revelam. Nunca escreva o primeiro texto pensando em técnicas. Nunca. Isto mesmo:

nunca. A história vai nascer, os personagens se moverão, os cenários se revelam, as cenas se estabelecem.

Você perceberá, sem que precise de qualquer esforço, que as técnicas também estão nascendo. Escreve, digamos, cenas mais cenas mais cenas. A velocidade se torna incrível.

Leia comigo o poema de João Cabral de Melo Neto:

> Achas que matei minha avó?
> O doutor à noite me disse:
> Ela não passa desta noite;
> Melhor para ela, tranquilize-se.
>
> À meia-noite ela acordou:
> Não de todo, a sede somente;
> E pediu: Dáme pronto, hijita,
> Una poquita de aguardiente.
> ("Crime na Calle Relator", *A educação pela pedra e depois*, Rio de Janeiro: Nova Fronteira, 1997, p. 281.)

Percebeu como o poema narrativo ganhou em rapidez? Cena mais cena mais cena; ação mais ação mais ação. Se você entrar um pouco mais no poema observará que a rapidez é movida também pelo diálogos. Ou seja, os diálogos, de acordo com a função, resultarão ou não em rapidez, responsável pela sequência.

Lembre-se da sétima aula, quando tratamos da construção das cenas. Está lembrado, não está? Estes são os elementos essenciais de uma cena:

Personagem mais ação mais sequência

É isso mesmo, não é? Pois bem, se você sabe usar, por exemplo, um diálogo direto ou tradicional numa cena, a tendência é que ela ganhe mais velocidade e tire do leitor, pelo menos naquele momento, a capacidade de refletir ou de analisar.

Mas é isso que você quer? Tem certeza? Não? Mesmo num poema, e um poema narrativo, isso tudo vai ficando muito claro e pedindo crescente habilidade.

Experimente jogar agora com um cenário ou com uma ligeira digressão. Estamos repetindo; sim, estamos repetindo, a melhor maneira de escrever é reescrever, sempre. Reescrever e repetir — eis as duas palavras mágicas da prosa de ficção. Paciência.

Continuando com o poema de João Cabral:

> Eu tinha só dezesseis anos;
> Só, em casa com a irmã pequena:
> Como poder não atender
> A ordem da avó de noventa?
>
> Já vi gente ressuscitar
> Com simples gole de cachaça
> E arrancarse por bulerías
> Gente da encorujada.
>
> E mais: se o doutor já dissera
> Que da noite não passaria
> Por que negar uma vontade
> Que a um condenado se faria? (Idem)
> ("Crime na Calle Relator", *A educação pela pedra e depois*, op. cit., p. 281.)

Está vendo direitinho? As duas primeiras estrofes, lá em cima (p. 176), deram velocidade à narração, com o diálogo entre o menino e o médico, além de uma interrogativa no princípio que levaria à provocação. A ação, cena externa, para em seguida, e permite um comentário nas três próximas estrofes.

A ação, agora, permanece parada, mas a narrativa prossegue de forma mais lenta, bem lenta. O leitor fica ansioso, quieto, em busca.

Na quarta estrofe o leitor é surpreendido, outra vez, pela rapidez numa sequência de cenas.

Leia:

> Fui a esse bar do Pumarejo
> Quase esquina de San Luís;
> Comprei fiado uma garrafa
> De aguardente (cazalla e anis)
>
> Que lhe dei cuidadosamente
> Como uma poção de farmácia,
> Medida, como uma porção,
> Como não me mede a cachaça;
>
> Que lhe dei com colher de chá
> Como remédio de farmácia:
> Hijita, bebi lo bastante,
> Disse com ar de comungada.

Outra vez a narrativa voltou a ser rápida, fez uma suave incursão de leveza nas três estrofes centrais, através do comentário, e retornou movimentada na sexta estrofe.

Imagine, então, que você está escrevendo o início de um capítulo, ou a abertura de um conto, e quer conseguir todos esses efeitos junto ao leitor. Faça isso com lucidez: Cena e cena e cena — trabalhando quatro parágrafos; e, em seguida, comentário e comentário e comentário em mais três parágrafos.

Atenção, atenção: isto não é um modelo; é apenas sugestão de técnica. No campo da criação não existem regras fixas. O seu texto é que vai pedir a sua técnica. Apenas aprenda a refletir a obra de arte como uma obra de arte. Todos os artistas conhecem esses caminhos.

Assim: está lembrado do nosso cenário natural? O cenário natural é típico de um texto sem movimento interno, que provoca a emoção do leitor e suspende a sequência narrativa de cenas sobre cenas sobre cenas. Ele vem de Lawrence Durrel:

> O mar está novamente agitado hoje, com rajadas de vento que despertam os sentidos. Em pleno inverno, a primavera começa a fazer-se sentir. Toda a manhã o céu esteve de uma pureza de pérola; há grilos nos recantos sombrios, o vento despoja e fustiga

os grandes plátanos... Sobre um fundo vermelho baço, pinceladas verdes, lilases, e reflexos carminados nas águas. No verão, a umidade do mar põe um brilho luminoso na atmosfera. Uma capa viscosa cobre todas as coisas.
("Justine", *Quarteto de Alexandria*, op. cit., pp. 9-10.)

O efeito é de emoção estética, mas não de velocidade, não é mesmo? Aí o leitor para. Para, sim. E nem sabe. Está envolvido; às vezes, deslumbrado. Somente no movimento seguinte é que volta a sentir o desenvolvimento da história que pode ser rápido — cena sobre cenário — ou lento — cenário sobre cena —, num crescendo que vai, pouco a pouco, acelerando o ritmo ou simplesmente dispara.

Uma narrativa de foco narrativo na terceira pessoa e exposta conforme o ponto de vista do narrador, por exemplo, se realiza tanto através do narrador onisciente — aquele que intervém com opiniões, mas segundo uma técnica específica —, como do narrador cronista — aquele que de imediato revela a superfície da história com cenários, cenas breves e comentários — explorando apresentação de personagens, cenários e digressões.

2. Leveza e narrador cronista

Um romance que é iniciado pelo narrador cronista, com comentários e cenários, mostra uma espécie de sumário que remete o leitor ao clima da história, pede uma respiração lenta, compassada, tranquila. Isto é: trabalha, de imediato, com a duração psicológica do leitor, assunto debatido na quarta aula.

É o que acontece, por exemplo, com *O Pai Goriot*, de Balzac, que começa com uma crônica em que circulam comentários, cenários, digressões e apresentação de personagens. Balzac centraliza o texto inicial na dona da pensão e na pensão, resvalando nos motivos do romance. Mesmo que o principal não seja revelado, o leitor já se prepara para o que deve acontecer. Como se dizer por aí: está no clima.

Observe:

> A sra. Vauquer, de Conflans em solteira, é uma senhora de idade que, há quarenta anos, dirige em Paris uma pensão burguesa situada na Rue Neuve-Sainte-Geneviève, entre o Quartier Latin e o Faubourg-Saint-Marceau. Essa pensão, conhecida pelo nome de Casa Vauquer, admite regularmente homens e mulheres, jovens e velhos, sem que nunca a maledicência tenha atacado os costumes desse respeitável estabelecimento. Mas é verdade que há trinta anos nunca se viu ali jovem algum e, para que um rapaz more lá, deve ser bastante magra a pensão que recebe de sua família. Entretanto, em 1819, época na qual tem início esse drama, ali se encontrava uma pobre moça; seja qual for o descrédito em que tenha caído a palavra drama pela forma abusiva e angustiante com que tem sido tratada nesses tempos de dolorosa literatura, é preciso empregá-la aqui: não que esta história seja dramática no verdadeiro sentido da palavra, mas, consumada a leitura, talvez algumas lágrimas tenham sido vertidas "intra e extramuros". Será acaso compreendida fora de Paris? Cabe a dúvida. As particularidades desse cenário cheio de observações e de cores locais só podem ser apreciadas entre as colunas de Montmartre e as alturas de Montrouge, nesse ilustre vale de escombros sempre prestes a desabar e riachos negros de lama; vale repleto de sofrimentos reais, de alegrias muitas vezes falsas, tão terrivelmente agitado que é preciso algo de exorbitante para que se produza uma sensação de alguma durabilidade.
> (*O Pai Goriot*, Celina Portocarrero e Llana Heineberg (trads.), Porto Alegre: L&PM, 2006, p. 17.)

Agora vamos com a pinça. Lentamente. O escritor precisa examinar frase por frase, assim como o poeta faz verso por verso. Parágrafo por parágrafo. Estrofe por estrofe. Não é assim?

Aqui se realiza o narrador cronista, que atua com incrível onipresença. E traz logo o nome da personagem, que dá a falsa impressão de que a personagem está mesmo ali, em primeiro plano. E não é ainda isso. Porque o que pretende mesmo é trazer o leitor logo para dentro da história, mas de maneira sutil, envolvendo-o com comentários e rápidas digressões, colocando-o naquilo que se chamou de atmosfera. Antes da história, o leitor precisa saber que o narrador tem o domínio de tudo, pode tudo, comanda tudo.

Você percebeu, não percebeu?

Em princípio, Balzac apresenta a personagem senhora Vauquer. Mas imediatamente larga-a para mostrar a pensão, situando-a na rua e no bairro. E logo faz uma sutil e discreta digressão, que passa pelas circunstâncias da pensão, investe numa personagem — "ali se encontrava uma pobre moça" —, traz uma data precisa e passa a comentar — aí tem início o alongamento da digressão, aproveitando a palavra drama.

Ou seja, o autor faz uma crônica, através de comentários e leves digressões, que procura seduzir o leitor sem pressa, relevando traços do desenvolvimento narrativo, com muitas in-formações, pistas e despistas, em que traça um quadro do drama.

Somente mais tarde é que retoma o quadro da primeira frase. Observe:

> (1) A casa na qual está estabelecida a pensão burguesa pertence à sra. Vauquer. Ela fica na parte baixa da Rue Neuve-Sainte--Geneviève, no local em que o terreno se inclina em direção à Rue de l'Arbelète com uma ladeira tão íngreme e tão difícil que os cavalos raramente a sobem ou descem.
> (*O Pai Goriot*, op. cit., p. 18.)

Prestou bem a atenção, não foi? O que você viu, o que você leu?

Veja bem, encoste o olho: para provocar o envolvimento do leitor, Balzac chamou a personagem, em seguida falou da pensão e deu início a uma nova digressão. Somente na página seguinte retomou a pensão, não sem antes interferir de modo radical na história. Mas Balzac sabe que está se alongando demais, precisa fazer comentários, crônicas, apresentação de personagens, circunstâncias, e volta novamente ao começo, repetindo o nome da personagem, e ao endereço da pensão, que mostram o sentido circular da narrativa inicial do livro.

Vamos examinar assim a linha narrativa:

1. Personagem e pensão;
2. Comentários e digressões;
1. Pensão

Num gráfico rápido:

1_____2 //////////////////////////////////// 1_____

Sem esquecer o comentário de Calvino:

> A divagação ou digressão é uma estratégia para protelar a conclusão, uma multiplicação do tempo no interior da obra, uma fuga permanente; fuga de quê?
> (*Seis propostas para o próximo milênio*, op. cit., p. 59.)

Ao que acrescento: comentário é o modo de tratar o assunto sem perder o objeto narrativo.

Agora ficou mais claro, não foi? Balzac interrompe a linha (1) narrativa com um comentário e singela digressão (2) e retoma a linha (1) narrativa causando lentidão psicológica no leitor pela ausência do desenvolvimento e produz uma crônica. Conversa, conversa, conversa e o leitor nem percebe que ele estendeu — ou interrompeu a linha narrativa — para recuperá-la depois.

Lembra? Isso tem um nome — atmosfera.

Tudo isso, assim, tem função e efeito. Num certo sentido parece desorganizado, e até um tanto caótico, mas não é nada disso. Na função, você acompanha a digressão para ser surpreendido no desenvolvimento narrativo ou enredo; e no efeito você está sendo conduzido à surpresa por elementos de que nem sequer suspeita.

Por isso mesmo, e conhecendo os efeitos de sua narrativa, Balzac repete a informação sobre a personagem e a pensão em, pelo menos, três momentos. Verifique bem:

1. Na abertura do romance: "A sra. Vauquer, de Conflans em solteira, é uma senhora de idade que, há quarenta anos, dirige em Paris

uma pensão burguesa situada na Rue Neuve-Sainte-Geneviève, entre o Quartier Latin e o Faubourg Saint-Marceau" (p. 17).
2. Na apresentação do cenário: "A casa na qual está estabelecida a pensão burguesa pertence à sra. Vauquer. Ela fica na parte baixa da Rue Neuve-Saint-Geneviève, no local em que o terreno se inclina em direção à Rue de l'Arbalète com uma ladeira tão íngreme e tão difícil que os cavalos raramente a sobem ou descem" (p. 18).
3. Após o cenário: "A fachada da pensão dá para um jardinzinho, de modo que a casa forma um ângulo reto com a Rue Neuve--Sainte-Geneviève, de onde a vemos em profundidade" (p. 19).

Dessa forma, pode-se observar, claramente, que o escritor usa o comentário através da crônica, da crítica de costumes, digamos, para preparar o leitor, envolvendo-o numa atmosfera que vai do mero registro à ironia, passando pela simples informação a respeito de personagens que participarão verdadeiramente do desenvolvimento narrativo.

É recomendável não esquecer Davi Arrigucci Jr:

> São vários os significados da palavra crônica. Todos, porém, implicam a noção de tempo, presente no próprio termo, que procede do grego cronos. Um leitor atual pode não se dar conta desse vínculo de origem que faz dela uma forma do tempo e da memória, um meio de representação temporal dos eventos passados, um registro da vida escoada. Mas a crônica sempre tece a continuidade do gesto humano na tela do tempo.
> ("Enigma e comentário", *Ensaios sobre literatura e experiência*, São Paulo: Companhia das Letras, 1987, p. 51.)

3. Criação direta e criação indireta de personagens

Assim, Balzac distende o tempo e o tempo é o que poderíamos chamar de seu principal personagem, porque é presença constante em sua obra. Dentro do tempo, e das suas circunstâncias, estão os personagens e as tramas que se revelam ao longo da leitura. Não esquecer que a leitura é um ato psicológico para o qual o escritor encaminha todas as forças.

O autor francês, consciente do processo criativo, vai tecendo o bordado do texto e descobrindo suas técnicas, até centralizar a narração na personagem que vem apenas citando e envolvendo: a senhora Vauquer. Depois de fazer um desenho dos personagens, na verdade rápidos perfis físico-psicológicos que preparam o leitor para o confronto, se detém naquele que o ajudará conduzir o texto. De modo que ele segue, mais ou menos, a linha aristotélica de montagem da história, através do teatro tradicional: Apresentação (1º Ato), Confrontação ou Conflito (2º Ato), e Resolução (3º Ato). Fórmula também examinada por Syd Field para o roteiro cinematográfico.

Toda a introdução de *O Pai Goriot* é escrita para apresentar os personagens, de maneira direta, e a pensão, por onde desfilam as criaturas. Então, a pensão é o cenário onde acontecem as cenas, não é assim mesmo? E os personagens são construídos segundo a importância na narrativa. Embora o escritor francês não tenha, a rigor, preocupação formal, garantimos que estão ali algumas técnicas que precisam ser examinadas.

Por exemplo: a criação de personagens. Sempre insistimos nisso. É fundamental. É básico. As técnicas de criação de personagens são variadas, mas precisamos estar atentos a, pelo menos, duas delas.

a) Personagem de criação direta;
b) Personagem de criação indireta.

Ao traçar o painel humano do romance, "aquele hospício livre", Balzac trabalha, quase em sua totalidade, com personagens de criação direta. E ainda faz um remate importante:

Onde em Paris teriam aqueles pobres encontrado, pelo preço que ela lhes cobrava, comida sadia e suficiente e um apartamento a que tinham o direito de tornar, senão elegante ou confortável, ao menos limpo e salubre? (idem)
(*O Pai Goriot*, op. cit., p. 186.)

São personagens de criação direta, por exemplo, a senhora Vauquer, a senhorita Michonneau, o senhor Poiret, Vautrin, e talvez, por isso mesmo, menos complexas e mais incisivos. Carregam uma forma exterior, física ou psicológica que afloram à superfície da história. Estão muito nos olhos — são patéticos, engraçados, fortes ou não.

Veja aqui comigo. Começamos com a sra. Vauquer, que veio sendo citada ao longo da narrativa, dona da pensão, e fio de sustentação do texto. Recorrência usada à maneira que o autor precisa unir as pontas do bordado, conforme estamos vendo.

Vamos:

Sra. VAUQUER

Logo se apresenta a viúva, ataviada com sua touca de tule sob a qual pende um tufo malcolocado de cabelos falsos; ela caminha arrastando seus chinelos enrugados. Seu rosto envelhecido, rechonchudo, do meio do qual sai um nariz em bico de papagaio; suas mãozinhas gorduchas, seu corpo roliço como um rato de igreja, seu corpete apertado demais e oscilante estão em harmonia com essa sala da qual a infelicidade exsuda, na qual se refugia a especulação e cujo ar ardentemente fétido a sra. Vauquer respira sem ficar nauseada.
(*O Pai Goriot*, op. cit., p. 23.)

Srta. MICHONNEAU

A velha srta. Michonneau mantinha sobre seus olhos cansados um chapéu imundo em tafetá verde, rodeado por um fio de arame que teria assustado o anjo da Misericórdia".
(*O Pai Goriot*, op. cit., p. 26.)

Sr. POIRET

O sr. Poiret era uma espécie de autômato. Ao vê-lo como uma sombra cinzenta ao longo de uma aleia no Jardin dês Plantes, a cabeça coberta por uma velha boina molenga, mal mantendo na mão sua bengala com cabo de marfim amarelado, deixando flutuar as abas murchas de sua sobrecasaca que mal ocultava as calças quase vazias e pernas com meias azuis que cambaleavam como as de um homem embriagado...
(*O Pai Goriot*, op. cit., p. 27.)

VAUTRIN

Entre esses dois personagens e os outros, Vautrin, o homem de quarenta anos, de suíças pintadas, servia de transição. Ele era uma dessas pessoas das quais o povo diz: "Eis um fulano de boa forma". Tinha ombros largos, peito bem desenvolvido, músculos aparentes, mãos fortes, quadradas e fortemente marcadas nas falanges por tufos de pelos grossos e de um vermelho ardente. Seu rosto, sulcado por rugas prematuras, oferecia sinais de dureza que eram desmentidos por suas maneiras dóceis e amáveis. Sua voz de barítono, em harmonia, em harmonia com sua gargalhada, não era desagradável. Ele era atencioso e divertido. Se alguma fechadura funcionava mal, ele logo a tinha desmontado, arrumado, lubrificado, limado, remontado...
(*O Pai Goriot*, op. cit., p. 30.)

Esta bem claro agora, não é? Os personagens são apresentados pelas suas características físicas e psicológicas. Não foi isso que a gente estudou? Relembrando:

a) Perfil físico;
b) Perfil físico-psicológico;
c) Perfil psicológico.

Uma lembrança necessária para nós que trabalhamos não só com os olhos, mas sobretudo com a pinça. Quando pensamos em "com os olhos" ou "para os olhos", queremos dizer que há pessoas que têm o péssimo hábito de ver sem ler. Ou seja, veem a frase, mas não leem a frase. Aí está a questão.

Dessa forma, observamos que os personagens são, inicialmente, apresentados pelo perfil físico, depois pelo perfil físico-psicológico, para melhorar, definitivamente, no per-fil psicológico, de acordo com os olhos do autor.

Basta o exemplo de Vautrin:

1) Perfil físico: "Tinha ombros largos, peito bem desenvolvido, músculos aparentes, mãos fortes, quadradas e fortemente marcadas por tufos de pelos grossos e de um vermelho ardente";
2) Perfil físico-psicológico: "Seu rosto, sulcado por rugas prematuras, oferecia sinais de dureza que eram desmentidos por suas maneiras dóceis e amáveis;
3) Perfil psicológico: "Sua voz de barítono, em harmonia com sua gargalhada, não era desagradável. Ele era atencioso e divertido. Se alguma fechadura funcionava mal, ele logo a tinha desmontado, arrumado, lubrificado, limado, remontado...".

No entanto, para trabalhar o personagem mais complexo, Pai Goriot, o autor de *A comédia humana* prefere o artesanato. Opta, em primeiro lugar, pela criação indireta de personagem, passando por uma camada sutil de questionamento, fazendo-o aparecer pela ausência e pelo ridículo, escondendo-o, preparando o leitor, retirando-o das sombras e das recordações.

Só recapitulando: os outros personagens, de uma maneira geral, chegam aos nossos olhos de forma direta, sem contornos de subentendidos, de negaças, de questionamentos. Estão ali e pronto. Vivos e audazes. Criaturas de apresentação direta, com perfil físico, perfil físico-psicológico e perfil psicológico. E pronto. Vão estar na narrativa, muitas vezes ilustrativos. Quase que não podem ser alterados.

E Pai Goriot? Pai Goriot vem caminhando na sombra, vem se aproximando, vem chegando. Nada de perfil físico, nada de perfil físico-psicológico, nada de perfil psicológico. É um personagem de criação indireta.

Aqui e ali informações rápidas. Nomes, sugestões, jogo puro de sinuosidades.

O autor começa a colocá-lo na trama, mas pede os olhos e as reflexões de Eugène de Rastignac. Ao contrário daqueles outros personagens, não traça perfis diretamente. Vai a Eugène que, indiretamente, e através de um falso narrador, introduz o personagem.

Olhando direitinho, pede ao personagem que traga o personagem à cena. Assim:

> Semelhante reunião deveria oferecer e oferecia em pequena escala os elementos de uma sociedade completa. Entre os dezoito convivas havia, como nos colégios, como na sociedade, uma pobre criatura rejeitada, um bode expiatório sobre quem choviam as brincadeiras. No início do segundo ano, tal figura se tornou, para Eugène de Rastignac, a mais notável de todas aquelas em meio às quais ele estava condenado a viver por mais dois anos. Esse pobre coitado era o antigo macarroneiro, o Pai Goriot, sobre cuja cabeça um pintor teria, como o historiador, feito incidir toda a luz do quadro. Por que motivo aquele desprezo semirrancoroso, aquela perseguição mesclada de piedade, aquele desrespeito pela infelicidade haviam atingido o mais antigo pensionista? Seria devido a alguns desses ridículos ou dessas esquisitices, que se perdoam menos do que se perdoam os vícios? Tais questões estão muito próximas de não poucas injustiças sociais.
> (*O Pai Goriot*, op. cit., p. 33.)

4. Personagem em oposição

Balzac apresenta a senhora Vauquer submetida à técnica de criação direta de personagem. Ou seja, aquela que sai diretamente do autor em direção ao leitor, sem permitir a intervenção de outro personagem, mesmo quando em confronto.

Há aí, ainda, e sobretudo, uma curiosidade: a senhora Vauquer é construída diretamente pelo autor, mas Goriot é criação indireta primeiro de Eugène e depois da senhora Vauquer. Mesmo na Apresentação, porque na Resolução a curiosidade se adensa, com os múltiplos olhares dos personagens.

Ou seja, ele surge conforme os olhos dela, e não conforme os olhos do autor. Ela tem uma opinião a respeito dele — ponto de vista — e é ela, portanto, quem cria o personagem, mesmo por um ângulo não muito verdadeiro.

O curioso é que Goriot — insistimos: pela sua complexidade — não vem aos olhos do leitor através dos olhos do autor, mas dos personagens. Não foi assim com Eugène de Rastignac, que proporcionou as interrogativas? Pois é a senhora Vauquer quem, através do seu olhar, vai prosseguir na construção do personagem.

Mais uma vez: personagem de criação indireta.

Uma leitura rápida possibilita a compreensão desta técnica, quando o narrador onisciente ou cronista, tendo tudo sob o seu comando, traz o personagem indiretamente aos olhos do leitor.

Perceba:

> Enfim, a sra. Vauquer tinha visto muito bem, com seu olho de lince, algumas inscrições no Grande Livro que, vagamente somadas, poderiam dar àquele excelente Goriot uma renda de mais ou menos oito a dez francos. Desde aquele dia, a sra. Vauquer, de Conflans em solteira, que tinha então 48 anos e só admitia 39, teve suas ideias. Embora o canal lacrimal dos olhos de Goriot estivesse destruído, inchado, vermelho, o que o obrigava a enxugá-los com muita frequência, ela o achou com um aspecto agradável e em forma. Aliás, sua panturrilha carnuda, saliente, prognosticava, tanto quanto seu nariz comprido e largo, qualidades morais às quais a viúva parecia dar importância e que eram confirmadas pelo rosto lunar e naturalmente simplório do homenzinho.
> (*O Pai Goriot*, op. cit., p. 23.)

A princípio parece que o narrador faz prosseguir na construção da senhora Vauquer. Errado. Falsa impressão do leitor. O autor traz a personagem, com segurança e determinação, para que ela construa o Pai Goriot. Ela chega, se apresenta, dá informações precisas sobre ela mesma, idade e ideias. Sai de cena, imediatamente, para que nela surja o personagem. E, a partir daí, atuam os olhos da mulher, para que, através desses olhos psicológicos, o leitor possa conhecer Goriot.

Então é ele personagem de criação indireta, neste momento, porque construído segundo os olhos da senhora Vauquer. Não foi Balzac quem o criou, diretamente. Temos aí o ponto de vista da mulher. Ela inventa um personagem que, embora feio, torna-se bonito, tem aspecto agradável. É verdade que o narrador faz algumas intervenções, mas todas elas para justificar a mulher.

Artifício, artifício puro: ele é o que ela quer que ele seja. Uma ilusão. Um ser maravilhoso. Mas é isso mesmo o que ele é? Que tal fazer um quadro comparativo com aquele estruturado por Eugène? O personagem de Eugène não é o mesmo personagem da senhora Vauquer.

Cada um inventa o seu próprio personagem que, embora muitas vezes seja o mesmo para o leitor, muda completamente. Ao longo do romance essa oposição vai se adensando, embora sob a ótica, na maioria das vezes, de um personagem tocado pela desilusão, pela decadência e pelo ridículo.

Aí fica estabelecida a criação do personagem por oposição. Técnica que se estabelece sempre na montagem. Algo profundamente importante. Ressaltamos desde o princípio. Não é sem razão que o próprio Honoré de Balzac afirma:

> Duas figuras ali criavam um contraste chocante com a massa de pensionistas e frequentadores.
> (*O Pai Goriot*, op. cit., p. 33.)

Ele se refere, neste caso, a outros personagens, mas pode muito bem servir de exemplo.

Chegue mais que você entende melhor.

A importância da montagem está aí, onde ocorre a montagem da narrativa pela criação indireta de personagens e pela oposição de caracteres. Por isso o personagem torna-se complexo, sempre será capaz de surpreender o leitor.

E a montagem assim não se dá apenas pelo corte de cenas, pelo acréscimo de comentários ou pela apresentação de cenários, mas pela criação de personagens, elaboração que ocorre na intimidade do texto e que provoca a inquietação do leitor.

Está lembrado da pulsação narrativa? Personagem mais cena mais leitor? A pulsação do personagem corresponde à pulsação da cena que deve corresponder à pulsação do leitor. Uma construção lenta e sutil.

Você agora pode se munir de tesoura e papel para um exercício. É uma questão de tempo e paciência. Faça um corte. Sabia que no cinema há, de forma vigorosa, o conceito de corte? Lá na ilha de edição, o editor — o montador — sim-plesmente corta uma cena, cenário ou digressão, que vem a seguir, esconde-a e aproxima uma situação da outra, de forma a provocar, digamos, maior densidade no espectador. Ou não.

Aliás, já estamos fazendo isso desde o começo. Apenas cuidamos agora de aprofundar.

Balzac foi profundamente competente. Traçou o perfil dos outros personagens, às vezes distanciando-se, e colocou lado a lado a construção dos dois personagens mais importantes. Antes, porém, deixou o verdadeiro caráter da senhora Vauquer bem distante. Isto é, na página 23, enquanto a oposição de Goriot, entre Eugène e ela, só aparece na página 33 dessa brilhante tradução de Celina Portocarrero e Llana Heineberg.

Veja bem o que aconteceu.

Balzac preparou o leitor para a apresentação do cenário com comentários — introdução lenta, leve, cuidada, ao ritmo de uma crônica. Leia direitinho e perceba. Isso leva cerca de seis páginas. Faz referências seguidas à senhora Vauquer, juntando os fios do bordado, e preparando sua aparição. Somente depois disso é que ela se mostra. E ainda usa um artifício maravilhoso. Haja esperteza do narrador — estratégia, pura estratégia.

Não é ela quem chega, não é ela que se apresenta, mas um gato, que provoca, por sinuosidade, essa admirável introdução de personagem.

> Esse cômodo está em todo o seu esplendor no momento em que, por volta das sete horas da manhã, o gato da sra. Vauquer precede a dona, salta sobre os aparadores, fareja o leite contido em diversas tigelas cobertas por pratos e faz ouvir seu ronrom matinal. Logo se apresenta a viúva...
> (*O Pai Goriot*, op. cit., p. 23.)

O gato dá eloquência à aparição daquela que vinha sendo elaborada desde as primeiras páginas. Cria o ambiente, prepara a atmosfera. Em seguida, o narrador passeia — feito uma câmara cinematográfica, e quase em panorâmica — pela pensão, produzindo um olhar sobre os personagens, até chegar aos dois. No entanto, a mais rica em comportamento e mais complexa em formação, na área da galeria feminina, é mesmo a senhora Vauquer.

5. Cortes e sequências — personagem ilustrativo

Voltamos ao exercício de tesoura, cola e papel. Chegue mais. Dê preferência agora à apresentação desses personagens, retirando os comentários que levam à crônica. Ao fazer isso, lembre-se, você tirou a crônica daquilo que seria o subúrbio de Paris, e fecha a narrativa na apresentação dos personagens. Isso altera a respiração do romance, portanto, a respiração do leitor.

Pegue o livro da L&PM.

Das páginas 17 a 22 — Corte.

Então volte à página 23, corte o pronome "esse", faça a aparição do gato e, em seguida, da senhora Vauquer. Está bem assim? Salte o texto que apresenta a personagem até a página 24.

Se você prefere abrir em panorâmica, voltando aos personagens, o que não seria interessante pela velocidade que deseja alcançar na narrativa, então vá até a página 27. Você apresentou os personagens, como já destacamos na página 10, está lembrado? É isso o que você quer? Observe sempre e isso é fundamental: função e efeito. Procure a funcionalidade do texto e o efeito que ele deve causar no leitor. Não é apenas para ficar bonito ou feio. É uma questão de conquista técnica.

Mesmo assim, aí você realiza a técnica de personagens ilustrativos.

Os personagens ilustrativos são aqueles que participam da história para, através de ações, olhares ou não, iluminar os personagens centrais, dando-lhes o grau de complexidade ou não. Aqui em Balzac isso é muito claro, até chegar nos personagens em oposição. Pare um momento, só um momen-to — retorne, e faça a leitura dos personagens ilustrativos. Eles podem atuar, e até de forma vigorosa, no andamento do romance, porque ilustrar não significa desimportância. São importantes, necessários e decisivos.

Por exemplo, depois da Apresentação, e quando o romance na verdade começa a existir, com os personagens saindo das sombras e se movendo, a partir da página 48 do romance, Eugène ilustra o caráter do Pai Goirot, olhando através da fechadura. O homem está fazendo algo que o inquieta, algo que não consegue compreender bem.

> — Peste, que homem! — disse a si mesmo Rastignac ao ver os braços nervosos do velhote que, com a ajuda daquela corda, amassava sem ruído a prata dourada, como uma massa.
> Mas seria ele então um ladrão ou um receptador que, para se dedicar com mais segurança a seu comércio, simularia insanidade

e impotência e viveria na mendicância?, pensou Eugène pondo-se de pé por um momento. O estudante colocou outra vez seu olho à fechadura. O Pai Goriot, que havia desenrolado seu cabo, apanhou a massa de prata, colocou-a sobre a mesa depois de ter sobre ela estendido seu cobertor e nele enrolou-a para arredondá-la em forma de barra, operação que realizou com maravilhosa facilidade...
(*O Pai Goriot*, op. cit., pp. 53-4.)

Agora fica mais claro: o personagem Eugène ilustra o caráter e o comportamento do personagem de criação indireta, oferecendo novas informações e dúvidas sobre o Pai Goriot. É verdade que a narrativa está em seu princípio, mas a complexidade do personagem permite a sua montagem. Ilustra com o olhar.

Você pode fazer um exercício em casa pedindo aos seus personagens que criem outro personagem através de reflexões, meditações e ações.

Mas sabe o que aconteceu aí mesmo, neste momento em que o personagem está sendo construído de maneira indireta?

Veja:

O Pai Goriot olhou tristemente para sua obra, lágrimas saíram de seus olhos, assoprou o pavio à luz do qual torcera aquele vermeil, e Eugène ouviu-o se deitar dando um suspiro. Enlouqueceu, pensou o estudante.
— Pobre criança! — disse em voz alta o Pai Goriot...
Diante dessa frase, Rastignac julgou prudente manter silêncio a respeito daquele incidente e não condenar le-vianamente seu vizinho.
(*O Pai Goriot*, op. cit., pp. 53-4.)

A ilustração ocorre em dois momentos e parece não ter ligação com aquela primeira criação indireta de personagem. Balzac solta o personagem e permite que ele seja criado e ilustrado até pelas oposições entre personagens.

Por favor, então agora retorne à página onde os perso-nagens são apresentados. Faça a releitura.

No andamento do romance, Eugène ilustra o Pai Goriot através da ação, sobretudo. Porque é ele o responsável pelo fio narrativo que jogará luzes sobre o velho, ou esconderá, de uma forma rápida e decisiva. O ponto de vista dos personagens se alterna nos diálogos e, a cada momento, as oposições se manifestam.

Sim, vem cá, acho que preciso ser mais claro. Sabe quem criou o conceito de personagens em oposição? Pensa aí. Pensou. Foi Flaubert, camarada, o nosso mestre. E diz:

> Estou chegando ao dramático apenas pelo entrelaçamento do diálogo e pelas oposições de temperamento.
> (*O Pai Goriot*, op. cit., pp. 53-4.)

Nesse caso, basta os personagens atuarem de acordo com os seus temperamentos, em oposição, e conforme o ponto de vista de outros personagens, e a narrativa ganhará força e valor, por si mesma, sem precisar sequer da interferência do narrador. Não é legal isso?

Faça os cortes, deixe o caráter inicial da senhora Vauquer no primeiro parágrafo, página 23, corte até a página 33 e a coloque logo no segundo parágrafo, siga a ordem dos parágrafos, e terá aí a melhor das oposições.

Venha comigo:

páginas 17 a 22 — Corte.
páginas 23 a 24 (meio da página) — Perfil da senhora Vauquer — Cena 1.
páginas 24 (parágrafo 2) a 32 — Corte.
páginas 33 a 35 (parágrafo 1) — Perfis do Pai Goriot — Cena 2.

....

Nessas duas páginas há informações sobre o caráter de Goriot — a primeira de Eugène de Rastignac, primeiro parágrafo, e a segunda do narrador, com rápida passagem dialogal do próprio Goriot. A cena fecha com o perfil dele, conforme a senhora Vauquer.

....

páginas 36 a 48 (primeiro parágrafo) — Corte.
página 48 (segundo parágrafo) e ss. — Cena 3.

Essa é uma montagem típica da velocidade narrativa, que se compõe através de cenas imprescindíveis. Em ângulo fechado, absolutamente fechado. Porque se percebe que o romancista, da página 17 a 48, usa a técnica aristotélica da Apresentação. Só para relembrança: Apresentação, Confrontação, Resolução.
Abra o olho que é assim mesmo. Esteja atento.
Mas veja bem o que fiz. Preparei uma armadilha. Sabe por quê? Porque, de propósito, escondi da galeria de criação direta de personagem, através do perfil físico, na página 30, a figura de Eugène de Rastignac, não foi? Só para esconder, para você não ver, para que somente na frente, e iluminadamente, ele pudesse aparecer dando início à ação dramática.
É ou não é?

> Assim era a situação geral da pensão burguesa no fim do mês de novembro de 1819. Alguns dias mais tarde Eugène, depois de ter ido ao Baile da sra. De Beauséant, chegou por volta das duas horas da madrugada. A fim de recuperar o tempo perdido, o corajoso estudante se prometera, enquanto dançava, estudar até a manhã seguinte.
> (*O Pai Goriot*, op. cit., p. 48.)

Só depois é que traçaria o seu perfil físico e ele ganharia em força, sem perder, porém, a qualidade de personagem ilustrativo. É a isso que chamamos de esconder o texto, não trazê-lo para muito perto dos olhos do leitor. Quando Balzac apresenta todos os personagens com eloquência, num movimento de crônica, de narrador onisciente, ele coloca os personagens muito diante dos olhos do leitor, para o leitor e com o leitor. Alterando, por exemplo, a sequência de Apresentação, ele esconde a importância do personagem para recuperá-la depois.

Mais uma vez, sempre: esta não é um modelo definitivo, apenas o exemplo de cortes e montagem da obra de arte literária.

Linha de narrativa por ação e apresentação de personagens:

p. 23........................p. 24. p.32..............................p. 35.

A narrativa perderia, assim, a Apresentação convencional, que pertence mais ao narrador onisciente, cronista, e chegaria mais próximo do narrador oculto, cuja principal função é deixar a narrativa se desenvolver pela ação dramática, sem interferências.

Linha narrativa que dá leveza à respiração do texto:

p. 17 ( ) p. 22. p. 23.............p. 24. p. 24 ( ) p. 32.
p. 33............. p. 35.p. 36 ( ) p. 48. pp. 48......ss.

Cabe, portanto, ao narrador, decidir pela montagem do seu texto, sempre estudando com habilidade a questão do comportamento narrativo, mas sem esquecer a construção dos personagens.

Exercício

Procure, nos seus escritores, o capítulo de um romance, conto ou novela. Pegue caneta, tesoura, cola e lápis. Comece a montar e a remontar. Procure descobrir quais as suas intenções com a narrativa e com o leitor. Isso é fundamental. Estabeleça quais os personagens principais, em oposição, e ilustrativos.
Vidas secas, de Graciliano Ramos, é um ótimo exemplo de montagem e desmontagem de romance.

Décima segunda Aula
BIBLIOGRAFIA COMENTADA COM NOVOS EXERCÍCIOS

Pela ordem de citação:

LISPECTOR, Clarice — *A hora da estrela* — Uma aula de criação literária no campo da ficção. A autora inventa um personagem masculino, Rodrigo S.M. — portanto personagem de criação direta —, que explica como escreve o livro, a partir de um *conteúdo material* — a lembrança do "sentimento de perdição no rosto de uma moça nordestina": Macabéa. Para harmonizar a narrativa, Rodrigo cria mais dois personagens: Glória e Olímpico, personagens de criação indireta. É fácil verificar: Glória e Olímpico criam Macabéa que, por sua vez, cria Glória e Olímpico. Se você quiser, e tiver mínimas qualidades de desenhista, procure desenhar os perfis dos personagens, acompanhando a narrativa de Clarice. Puro exercício, puro exercício. Não desista nunca.

Para o estudo da duração psicológica do leitor basta observar como o narrador ora torna lenta a narrativa construindo Macabéa e suas ações ("E esta é minha primeira condição: a de caminhar paulatinamente apesar da impaciência que tenho em relação a essa moça"), ora mostra rapidez na invenção de Olímpico ("Mas ainda não expliquei bem Olímpico").

Escrito sob o ponto de vista do narrador, apresenta dois focos narrativos (aula 9): primeira pessoa do singular (eu), e segunda pessoa do plural (vós), quando dialoga com o leitor. ("Cada coisa é uma palavra. E quando não se a tem, inventa-se. Esse vosso Deus nos mandou inventar."). Simples, simples na leitura, e complexo, muito complexo, na montagem. A respeito do uso dos pronomes na técnica do foco narrativo, veja a décima aula. Distanciamento e cumplicidade. No "nós" a narrativa parece se afastar do leitor, mas chega perto da cumplicidade, que ocorre, verdadeiramente, com o uso do coloquial a "gente". Veja isso, por favor.

ROSA, João Guimarães — *Sagarana* — Na carta a João Condé, "revelando segredos", o escritor mineiro explica como escreveu os contos do livro e reforça a ideia do *conteúdo material*. Somente depois de reunir todo o material ("Assim, pois, em 1937 — um dia, outro dia, outro dia... — quando chegou a hora de o *Sagarana* ter de ser escrito, pensei muito"), é que começou a estruturar o *conteúdo literário* ("Aqui, caro Condé, findava a fase de premeditação. Restava agir"). Em seguida demonstra como trabalhou conto por conto, inclusive aqueles que foram retirados da edição inicial.

Quando você começa a pensar num romance, reúna material e guarde direitinho. Vai lendo, vai pensando, vai consultando. E escreve tudo o que você quer de uma tirada só. Mexe que mexe, prepara um argumento. É aí que a história aparece toda. Numa linha narrativa só. João amava Maria que amava Joaquim e terminou no Irajá. Não é assim?

Somente mais tarde é que nascem as técnicas. Juan Rulfo diz que escreve de acordo com o vento. Deixa ir, deixa ir, deixa ir. E descobre que uma palavra ou um personagem são, na verdade, o segredo do texto. Num momento seguinte vem o segundo texto. No primeiro texto deixa as coisas bem óbvias diante dos seus olhos. E só depois vêm as técnicas: foco narrativo — eu, tu, ele, nós, vós, eles —, o ponto de vista — psicologia dos personagens —, cenas, cenários, diálogos. Vai fazendo, vai fazendo, vai dar certo. Tudo e todos, com certeza.

ECO, Umberto — *Sobre a literatura* — O ensaio "Como escrevo" é fundamental para quem quer se tornar escritor ou para quem procura a melhor realização a cada momento. Cada escritor deve procurar a melhor maneira de pensar uma narrativa a partir de uma série de elementos. Mas é sempre aconselhável fazer anotações, procurar recortes nos jornais, fotografias etc. E saber sempre o que se quer. Mesmo que esse querer se modifique mais tarde, quando o trabalho já estiver sendo desenvolvido. Ou aparentemente pronto. Reescrever, reescrever, reescrever, é sempre a medida certa. Ou cortar, cortar, cortar.

Para exercício, o escritor deve, entre outras coisas, mudar o ponto de vista ou o foco narrativo para verificar os efeitos internos da obra. Observe na aula, entre outras coisas, o ponto de vista masculino, o ponto de vista feminino ou o ponto de vista neutro (o narrador) e decida-se por aquele que melhor se ajuste ao seu trabalho. A leitura deste ensaio, ao lado do trabalho sobre *Sílvia*, de Nerval, é de fundamental importância para a compreensão da montagem ficcional.

MANN, Thomas — *A gênese de Doutor Fausto* — É preciso ter sempre cautela com o escritor de ficção. Ele pode estar falando a verdade quando inventa ou inventando quando fala a verdade. Não é sem motivo, pois, que na edição brasileira deste livro tenha por subtítulo: "Romance sobre o romance". A intenção é escrever um livro explicando como o romance *Doutor Fausto* foi escrito. No entanto, é fácil verificar que Mann às vezes oscila, às vezes escreve direto, às vezes foge, de forma que é bom estar atento, muito atento. Esperto.

E aqui surge o conceito de eclosão que, definitivamente, substitui a inspiração romântica. Depois de reunir muito material e de estudar, inclusive, a montagem das cenas, é que o autor decide por escrever o romance, através da eclosão: movimento psicológico que surge após os estudos e reunião do *conteúdo material*. Não esquecer também os depoimentos de Guimarães Rosa e de Umberto Eco. No meu livro *Os Segredos da Ficção* encontra-se a aula sobre os movimentos da criação literária: Impulso, Intuição, Técnica e Pulsação.

POUND, Ezra — Embora tratando de poesia, o "ABC da Literatura" não pode ser esquecido pelo ficcionista. Fundamental para o estudo do andamento e do ritmo. Está esquecido? Os seis movimentos para a harmonia da obra de ficção: tom, extensão, função, efeito, andamento e ritmo. Encontrar, por exemplo, o tom de uma obra é tão importante quanto encontrar a extensão. Uma obra trágica não pode ter o mesmo tom de uma cômica. Uma tragédia muito longa é terrível. Assim como uma comédia muito curta deixa o sorriso suspenso na boca. Engasga. Tudo tem senso de medida. E de extensão, é claro. Pound, porém, adverte que "abstenho-me de apontar o recurso principal aqui utilizado para produzir límpida musicalidade. O estudante deve encontrá-lo por si mesmo. Só poderá encontrá-lo com ouvidos e olhos atentos. Se não lográ-lo descobri-lo sozinho, explicação alguma o fará compreender". Mas o importante é demonstrar que sem ouvidos e olhos atentos é impossível escrever. E o ajuste da extensão e do tom pode ajudar no foco narrativo e no ponto de vista.

MANN, Thomas — *Doutor Fausto* — Nesse romance o escritor alemão usa técnicas muito sofisticadas, com múltiplos pontos de vista. E na maioria das vezes o leitor comum sequer suspeita. Realiza-se aí o conceito de uma obra extremamente sofisticada para uma leitura simples, fácil. São três os tipos de narradores: biógrafo, autobiográfico e o narrador onisciente. Basta ficar atento, com a pinça entre os dedos.

Veja bem: Serenus escreve a biografia do músico Adrian Leverkühn, objetivo principal da obra — pelo menos no que ela apresenta de imediato — e, ao mesmo tempo, escreve a própria história, interligadas. Então: biografia e autobiografia. Ao mesmo tempo lança mão do narrador onisciente que, na montagem da história, faz uso dos cortes, paralelismos, comentários, digressões etc. Aliás, é o próprio Thomas Mann quem revela que usou a biografia para escrever este livro. Por isso recorreu a Serenus

Zeitblom, conforme acrescenta em "A gênese de Doutor Fausto". Mas o biógrafo diz que utiliza a autobiografia: "Uma vez que, de resto, o decurso de minha vida particular frequentemente se entrelaça com o do Mestre, será oportuno narrar-se ambos em conjunto, para não incorrer no erro de uma antecipação inadequada".

E o autobiográfico precisa do narrador onisciente para elaborar as técnicas sofisticadas da narrativa, como o para-lelismo. "Tratava-se de formações paralelas".

Portanto, escolha um episódio da sua vida, entregue a um narrador biógrafo e, em seguida, faça a sua versão da história. Escute: pegue um episódio da sua vida e crie um personagem biógrafo que vai contar a história. Ocorre que o narrador é também seu amigo. Muito bem. Se ele é o biógrafo e participou do episódio com você, então ele é biógrafo e autobiográfico. Perceba. Assim você estará escrevendo uma biografia e uma autobiografia. Então procure o narrador onisciente, que se encarregará dos comentários, das crônicas ou das digressões. É muito estimulante. Escreva, escreva, escreva. Reescreva, reescreva, reescreva. Mais uma vez observe o foco narrativo e o ponto de vista. Que tal usar a terceira pessoa — foco narrativo aberto — com o seu ponto de vista e o ponto de vista do biógrafo? Vá em frente. Trabalhe também os perfis. Thomas Mann elabora perfis magníficos.

VERÍSSIMO, Érico — *A liberdade de escrever* é uma reunião de entrevistas que o autor concedeu a jornalistas e escritores. Ali você encontrará grandes lições de criação literária, com opiniões acerca de personagens, sobretudo, além das técnicas intuitiva e elaborada. Um dado fundamental: o livro mostra os desenhos que o autor fazia dos seus personagens. Uma curiosidade e tanto. Estimula o ato criador. Deve ser estudado com muita atenção. Isso ajuda também a estudar a composição de personagens por meio de recortes de jornais e de perfis físico, físico-psicológico e psicológico.

Veja uma foto no jornal, guarde e depois desenhe a sua versão. Anote detalhes ao lado, use palavras decisivas, faça uma interação entre esses dois exemplos de personagens e de seu colega de serviço. Trace os perfis, um a um. Você perceberá que está avançando bem.

Se quiser pode avançar e trabalhe os personagens em oposição. Você verá quem tem ainda mais motivos para se transformar num ficcionista.

JOYCE, James — *Retrato do artista quando jovem* — Então você ainda tem dificuldades para montar um texto? Não sabe como escrever? Não tem confiança? Que é isso, camarada, vamos trabalhar.

É assim: você começa trabalhando um texto de Joyce e sem muita pressa. Pega um texto clássico e começa a interferir. Ou seja, entra na frase, acrescenta um adjetivo, um advérbio, procura nova frase, passa para outra. E assim vai. Com calma. Sem imitação. Sem copiar, meramente.

Este exercício leva à intertextualidade — conjunto de textos e de reflexões — e a outros autores como Thomas Mann (*Doutor Fausto*) e Lawrence Durrel (*Quarteto de Alexandria*). Transforme os clássicos ou os consagrados em seus companheiros de trabalho. Aos poucos você vai se soltando, vai mostrando cenas, cenários, diálogos. Transforme em diálogos as conversas e as piadas que ouviu. Faça de sua sala ou do quarto um cenário. Faça perfis. Trabalhe como se fosse um pintor ou um escultor. O que você vê de sua janela? E como vê a rua por onde passa? Escreva sempre o que pensa — os nossos principais personagens somos nós mesmos. Exercício é o fundamento da atividade literária. Da atividade criadora. E não esqueça de ler poemas. Todos os dias.

CASTELLO, José — *João Cabral de Melo Neto: "O homem sem alma"* oferece uma biografia bem elaborada, com técnicas também de autobiografia, através das lições de jornalismo. A técnica de Castello lembra muito a efiência do texto jornalístico: rápido, sucinto, equilibrado. Mesmo as digressões são momentâneas. O foco narrativo se desenvolve sempre na primeira pessoa, assim como o ponto de vista está centrado no biografado. Presença permanente. Mas é preciso cuida-do — o escritor é sempre muito esperto. A cena do início parece se desenvolver num só momento, e em bloco. Se você for ao *Diário de tudo* observará que o texto está realizado de forma brilhante, mas a sequência é outra.

Nas primeiras páginas do livro a cena se desenvolve com incrível rapidez e paixão (aula 4), mas no *Diário* ela apresenta outra montagem. Aquela montagem própria da pessoa que escreve diários, faz anotações, estuda o andamento e o ritmo, depois se decide também pela extensão e pelo tom. Exemplo maravilhoso de exercícios. Faça isso também. Digamos: observe uma colega de trabalho durante alguns dias, converse e converse, faça anotações. Sem medo, sem piedade, trabalhando. Depois estude a psicologia da per-sonagem e a duração psicológica do leitor. Vai dar certo. Tente, tente. Escreva. Na conversa você descobrirá as técnicas do diálogo.

DOURADO, Autran — *Poética de romance: matéria de carpintaria* — Não esqueça: todo escritor ou aspirante a escritor deve ter este livro na estante. É um documento importantíssimo. Aí Autran Dourado explica como escreveu alguns dos seus romances, apresenta a planta baixa e discute várias técnicas narrativas, inclusive as metáforas e os símiles. Se você quiser mais procure *Breve manual de estilo e romance* (Editora da Universidade Federal de Minas Gerais). A metáfora e o símile são fundamentais para o ficcionista. Volte à aula e veja isso com cuidado.

A metáfora substitui com precisão o objeto; o símile compara. Como assim? Observe Caetano Veloso: "Uma mulher, uma tigresa", igual, metáfora. A imagem "tigresa" substitui com a precisão a imagem "mulher", não é mesmo? Mas quando se diz: "Uma mulher que é igual a uma tigresa", aí há um símile. A metáfora substitui, o símile compara. A metáfora admite interpretações, o símile não permite. Fecha o ponto de vista.

BANDEIRA, Manuel — *Obra completa* — Nunca deixe de ler os poetas. Nunca. Procure ler um poema por dia ou a cada dois dias. Mas não leia feito um amador. No princípio se dê conta de que aquilo é um sonho, deixe as palavras circulando no seu sangue, passe da leitura para a contemplação — feche os olhos e se deixe dominar pela atmosfera do poema. Contemplação no sentido místico de encantamento, de transcendência, de transfiguração. Não peça nada, não exija nada. O poema precisa possuir sua alma.

No outro momento leia palavra por palavra e analise-as. Por exemplo, verifique a importância do pretérito perfeito para o verso, para a frase. Pare. Pare mesmo. Veja com a mente e não só com os olhos: "Uma noite ele chegou no bar Vinte de Novembro". Volte ao verbo: "Chegou". Está bem no meio do verso. Nem chegava nem chega. "Chegou". Uma ação limitada e firme, que joga o tempo para o passado, mas um passado que se aproxima muito do presente, porque pode ser considerada "concluída, isto é, observada no seu término, no seu resultado (Celso Cunha e Lindley Cintra, *Nova gramática do português contemporâneo*, Rio de Janeiro: Nova Fronteira, 2001).

É sempre interessante verificar que o pretérito perfeito, do ponto de vista literário, fecha a ação mas concede plasticidade à frase — ou ao verso. Vem do passado, passa pelo presente e concede uma possibilidade de futuro, pela maneira como faz a ação do personagem, por exemplo, oscilar, criando uma expectativa. Então verifique comigo: "Uma noite ele chegou..." Chegou? E o que aconteceu? O verbo faz o leitor ir ao princípio da frase e já percebe a expectativa do que acontecerá. Sim, se ele "chegou" algo deve acontecer depois. Faça exercícios com os tempos verbais. É sempre muito bom. Se ele "chegou", "chegou" em algum lugar. Não precisa interpretar a chegada.

Muita gente, no desejo de ser mais veemente, ou de se antecipar ao leitor, escreve "chegou triste" ou "chegou angustiado", aí o verso se arrebenta e, em consequência, o poema inteiro. Então peça ao verbo que resolva a questão: "Chegou" e pronto. Em seguida o pretérito perfeito se desdobra: "Bebeu, cantou e dançou". Maravilha. Se você percebe, a distribuição dos verbos — e dos versos — na página dá a impressão de um bailarino desesperado que não consegue parar, em parafuso. Roda, roda, roda. Com os braços abertos. Mais dois verbos — "atirou" e "morreu" — para concluir o poema. Aqui, além do estudo do verso e, portanto, da frase, veja as aulas, sobre cenas e cenários. Observe que o verbo é um verso em si mesmo e, ao mesmo tempo, uma ação dramática. Com esse verbo, Bandeira resolve o problema de um parágrafo inteiro num conto, por exemplo. Procure transformar o poema num conto. Transforme verbos em cenas e ambientes — bar e lagoa — em cenários. Vá firme. Depois retorne ao poema e faça uma leitura contemplativa. Sua alma vai agradecer.

Um pouco mais de esforço: no princípio o poeta diz que João Gostoso "era", e joga a ação ao passado, de forma que o leitor já sabe que um poema vai situá-lo em inequívoco distanciamento, seguido do imperfeito "morava". Somente no segundo verso aparece o indefinido "uma". Assim você é preparado psicologicamente e passa pelo pronome pessoal "ele", seguido do pretérito perfeito. Venha, outra vez, com a pinça: a narrativa saiu do impreciso que prepara o suicídio e passa para o perfeito — imperfeito que prepara e perfeito que afirma —, entrando, em definitivo, no balé dos três verbos — "bebeu", "cantou", "dançou" — até a conclusão sem oscilar. Narrativa maravilhosa.

NERVAL, Gérard de — *Sílvia* — Uma novela extremamente simples, com apenas oitenta páginas, mas fonte incrível de análise sobre técnicas sofisticadas. Aqui, por exemplo, o interessado pode estudar as alternâncias de focos narrati-vos — nós, eu e ela — para pontos de vista que se alternam e, às vezes, se confundem. Absoluto comando do texto. A princípio o leitor tem a impressão de que a novela será sobre Sílvia, até por causa do título. E não é. Por isso o ponto de vista muda significativamente. O leitor é levado para um lado e o caminho do narrador é outro.

Ou seja, Sílvia não é o motivo principal do livro, mas Adriana, uma "moça alta e formosa", que encantara o narrador inominado — mais um tipo de narrador: aquele que não tem nome e que, portanto, também pode sofrer inúmeras interpretações. Sendo assim, o estudioso começa a ser seduzido pelo narrador, que ora parece falar com seriedade, ora é irônico na alternância de pontos de vista.

Até porque a ironia tem início com o título enganoso e passa para o narrador e as personagens: Sílvia, Adriana e Aurélia, esta que surge desde o princípio na figura de uma atriz, e que provoca a primeira empatia do leitor. Ela está ali, no palco, já nos primeiros instantes, aos olhos do pretendente apaixona-do — o narrador inominado — e aos olhos do leitor. Portanto, é Aurélia que imaginamos ser a paixão do narrador. Sim, imagi-namos, e assim vamos até o final, convencidos disso, e não é.

A paixão não é Aurélia e muito menos Sílvia. Se estamos magnetizados pela atriz, podemos imaginar igualmente, que ela faz o papel de Sílvia, cujo nome grafado desde a capa do livro nos inquieta. Também não é correto.

A verdadeira paixão do narrador é Adriana, com presença firme a partir do segundo capítulo. Ao contrário de Sílvia, esse capítulo tem um título fixo, determinado, que vai iluminar toda a novela. Isso é básico. Nunca esqueça. O bom narrador faz o leitor caminhar em várias direções, naquilo que chamamos de sedução. Vem daí a necessidade técnica do foco narrativo — ora eu, ora nós, ora ela — e dos pontos de vista.

Tudo isso vai de encontro ao poema de Manuel Ban-deira: João Gostoso suicidou-se porque não era tão gostoso assim — ironia —, ou porque mesmo sendo Gostoso não conseguia grandes resultados na vida prática, até porque era apenas um mero carregador, sem dinheiro? Aí incorremos no erro da interpretação, mas as interpretações são inevitáveis. E, mais do que isso, possibilitam alternâncias de pontos de vista. Faça agora um exercício em que utilize nomes ambíguos de personagens. E, se quiser, passe os olhos nas técnicas de *Doutor Fausto*, reunindo os elementos da biografia, da autobiografia e do narrador onisciente que, no caso, deve ser inominado. Pode ser?

E procure examinar, com cuidado, a questão do título na obra de arte literária. Um bom título nem sempre carimba a obra. O que é carimbar? Trata-se de um título que de imediato explica ao leitor o que ele vai encontrar na obra de ficção, esclarece demais, chega junto. Procure, então, uma maneira de desviar a atenção do leitor, conduzindo-o para um caminho oposto, mas sem perder o foco principal.

SUASSUNA, Ariano — *Iniciação à estética* — O capítulo 25 — "Ofício, Técnica e Forma, na Arte" — desse livro é fundamental para quem quer estudar o assunto. Uma leitura mais demorada e cuidadosa vai demonstrar que para alcançar melhores níveis de criação, o escritor precisa dominar seus elementos internos, recriando e inventando. Sobretudo se quiser fazer uma análise comparativa entre este capítulo e o capítulo 2 — "As teorias empíricas da arte" — de "O belo na arte", de Hegel (Orlando Vitorino (trad.), São Paulo: Martins Fontes, 1992, pp. 45 e ss.), mesmo naquele aspecto que me contradiz. Exame redobrado na questão: "As obras de arte não são produtos naturais, mas produtos humanos".

É preciso, ainda, consultar *A poética clássica* (São Paulo: Cultrix, 2005), de Aristóteles, Horácio e Longino, organizada por Roberto de Oliveira Brandão, com traduções de Jaime Bruna. Ocorrerá aqui um debate ótimo. Hegel nega qualquer possibilidade da existência das regras no campo nas artes. Aristóteles enfatiza a organização interior da tragédia e Horácio, na verdade, dita as regras. No entanto, estamos dizendo a todo instante aqui não há regras, ou modelos, mas sugestões para o aprendizado da ficção. Hegel faz, ainda, a defesa do talento e Longino escreve trabalho exemplar sobre o Sublime.

O exercício?

Procure estabelecer os movimentos internos do seu trabalho e escreva. Reúna os materiais que estamos apresentando. Escreva em vários planos e procure a montagem do livro. Da história. Está bem assim? O romance moderno tem muito a ver com o cinema. Estude, por exemplo, os cortes narrativos. Por isso é aconselhável que escreva muito antes de decidir.

CANDIDO, Antonio — *O amanuense Belmiro* — Este é um dos prefácios mais incisivos do importante crítico paulista. Chama a atenção para o fato de que a literatura nem sempre é tão espontânea assim e que é preciso observar os escritores mais técnicos. Usa a terminologia de Valéry, mas estabelece conceitos próprios, estimulantes. E, por isso mesmo, chama a atenção para a obra de Cyro dos Anjos, nem sempre lida como merece, até porque mantém certo ranço conservador. O próprio título não anima. Vem daí a nossa questão com os títulos. Muita atenção. Colocar título é a uma arte específica. Tenha sempre o máximo de atenção. Umberto Eco explica por que colocou *O Nome da Rosa* no título do seu livro mais famoso.

Sem estabelecer parâmetros de qualidade entre uns e outros, Candido mostra a importância dos estratégicos para a literatura de ficção no Brasil. E o próprio Cyro dos Anjos sempre se caracterizou pela estratégia de sua narrativa, apesar de não ser sempre feliz com os seus títulos. Lembrando, ainda, que o escritor mineiro é pioneiro nas oficinas literárias no país, criando a primeira delas na Universidade de Brasília, em 1960.

Veja, então, como o título é fundamental. Não apenas pelo bom gosto. Mas, sobretudo, por aqueles motivos que podem provocar estranheza ou alegria no leitor.

CERVANTES, Miguel — *Dom Quixote* — Trata-se aqui do estudo da sutileza narrativa, indicada, neste caso, por Milan Kundera, em *A cortina*. Este é um tipo de habilidade que o escritor deve procurar sempre. Observe que a narrativa arrepia o leitor sem que ele perceba o motivo. Uma lição magnífica: o escritor não diz, narra. Quem diz escreve relatórios, mas quem cria inventa metáforas, símbolos, imagens. E sutilezas. Principalmente sutilezas.

Cervantes, que escreve um texto muito hábil, ligeiro e leve, faz a narrativa ficar escondida basicamente numa única frase de forma que o leitor quase não percebe. Em certo sentido, esconde a informação, algo que se deve compreender quase apenas pelo sangue. Pela leitura — que não pode ser apres-sada. As pessoas na casa de Dom Quixote festejavam, isso mesmo, festejavam a herança que estava por vir, depois que ele assinou o testamento, perto da morte. Por isso a frase "andava a casa alvorotada; mas, com tudo isso, a sobrinha ia comendo, a ama bebendo e Sancho Pança folgando". Em seguida, o narrador sai da sutileza para o esclarecimento, mas sem grande interrupção, sem a eloquência barroca, digamos. Assim: "Que isto de herdar algo dissipa ou modera no herdeiro a lembrança do sentido que é razão que deixa o morto".

Aí um comentário técnico: o narrador deixa de ser oculto e cede espaço ao narrador onisciente, que comenta a frase. Cuidado, muito cuidado. Tem gente que usa esta técnica. No entanto, se não tiver muita habilidade, põe tudo a perder. O comentário da frase é, quase sempre, um risco enorme. Fazer um comparativo entre os dois poemas de Manuel Bandeira e o desenvolvimento da narrativa. Mais uma vez: o narrador oculto passa a narração para o personagem, ainda que seja na terceira pessoa. E o narrador onisciente comenta, faz digressões, interpreta o episódio, a ação dramática ou a frase.

Faça exercícios. Por exemplo: compare o perfil físico com o perfil físico-psicológico. O que é um perfil físico? Aquele em que aparecem apenas as informações sobre a estrutura física, do personagem como rosto, olhos, nariz, queixo, boca cabelo, cuja função é parar a narrativa. Está lembrado? Este perfil é típico do narrador oculto. O perfil físico-psicológico pode ter alguma participação do narrador onisciente, aquele que comenta um traço do rosto, digamos, com uma nuança literária.

Se você for um pouco mais adiante fará perfil psicológico, que permite maior participação do narrador onisciente pelo aprofundamento psicológico.

Releia o poema de Manoel Bandeira, o "Bicho", e verifique as mudanças narrativas com relação ao poema. Não esqueça também de fazer uma cena com base naquela cena do meu romance *O senhor dos sonhos*.

LINS, Osman — *Avalovara* — Falando de sutileza, observe e estude aqui a habilidade que tem o autor em criar um personagem. Não é uma criação qualquer. Trata-se de trabalho de mestre. Com certeza. Para que isso possa também acontecer com você, tome o exemplo de Osman Lins, e entregue a criação do personagem a outro personagem. Sim, faça isso. Não precisa afobação. É apenas um exercício.

Você leu direitinho os textos iniciais de *Avalovara*? Não? Então volte à aula. Ou recorra mesmo ao livro. Agora procure um personagem que será o narrador oculto. Esse narrador não interfere com comentários de frases, por exemplo, e faz a narrativa parar. Então releia agora o texto de *A hora da estrela*, de Clarice Lispector, em que o Rodrigo, o narrador, revela o nascimento de Macabéa. Está lembrado que ele diz que começou a invenção a partir do rosto de uma nordestina com o "senti-mento de perdição"? Faça o seu narrador contar a criação do personagem, via Osman Lins, segundo o rosto de Macabéa.

E ainda mais: use recortes de jornais, onde aparecem corpos e rostos de personagens. Isso é importante. Não esqueça as aulas caso tenha dificuldades na montagem do texto. Estude sempre. Com atenção.

Também leia e estude *Lima Barreto e o espaço romanesco*, de Osman Lins, onde se analisa a questão dos ambientes e dos cenários.

DURREL, Lawrence — "Justine" — *O Quarteto de Alexandria* — Seguramente um autor que deve ser mais lido no Brasil. Um mestre da narrativa. Aliás, uma narrativa que às vezes se faz lenta, muito lenta, mas de grande beleza. Por isso, o estudo de cenários e digressões deve ser feito aqui. São quatro romances — "Justine", "Baltasar", "Cléa", "Mountolive" — que devem ser lidos com muita atenção, porque se enquadram perfeitamente naquele estudo da duração psicológica do leitor.

"Justine", por exemplo, é iniciado por um cenário natural, no primeiro parágrafo, para ganhar velocidade no parágrafo seguinte com uma cena interior ("Retirei-me para esta ilha com alguns livros e com a criança — a filha de Melissa"), que joga a narrativa para cenários naturais e cenários psicológicos.

Veja como isso é interessante e como nos leva logo a um exercício:

> Apontamentos paisagísticos... Prolongados acordes de cor. A luz a filtrar-se através da nuvem perfumada que afoga os limoeiros. No ar, sem suspensão, a poeirada vermelha dos tijolos, e o relento do asfalto ardente, regado mas logo seco.

Leia outra vez: "Apontamentos paisagísticos". Com a caderneta à mão, ele logo anota: "Apontamentos paisagísticos" e avisa ao leitor e, mais do que ao leitor, ao estudioso. Parece dizer: é assim que escrevo. Pois faça também os seus apontamentos. Faça o mesmo agora no exercício. E observe a mágica: se quiser leve velocidade na história abra com o segundo parágrafo, com a cena interna. E só depois use o cenário natural.

Reestude as aulas em que a questão dos cenários é mais detalhada. Não esqueça os cenários sobre cenas e as cenas sobre cenários. Além daquela questão do ponto de vista neutro (narrador), ponto de vista masculino e ponto de vista feminino.

VARGAS LLOSA, Mário — *Orgia perpétua* — Estudo pleno e completo das técnicas em *Madame Bovary* — o romance que viria ser uma espécie de cartilha para os criadores de ficção. Deve ser lido, relido, estudado e aplicado. Vai fazer sempre bem, um bem enorme. Uma advertência: trate bem esteve livro. Trate-o muito bem. É um achado. Sobretudo porque é escrito por um romancista, ou seja, um praticante, e não apenas um técnico ou um teórico — sem nada contra o técnico ou contra o teórico. Então você tem em mãos duas cartilhas: *Madame Bovary* e *Orgia perpétua*.

Alguns temas que você vai estudar aqui: a) um narrador-personagem plural: o misterioso *nous*; b) o narrador onisciente; c) narradores-personagens singulares; d) as palavras em cursiva: o nível retórico; e) as imagens obstrutoras; e f) o estilo indireto livre. Verá, ainda, o monólogo interior. Mas o livro se divide em duas partes: na primeira, Vargas Llosa conta como conheceu *Madame Bovary* e sua paixão; na segunda, o estudos das técnicas.

Se você está acompanhando bem esta bibliografia, perceba que pode fazer exercícios com a construção do personagem, inclusive estudando a criação direta e indireta, traçando perfis através dos narradores oculto e onisciente, e agora introduzindo o discurso indireto livre, que gosto de chamar diálogo indireto livre, porque na intimidade do texto é uma conversa entre os narradores e os personagens.

Se ficar difícil escreva assim: um diálogo e um comentário do narrador, depois junta tudo num texto único, num parágrafo, fica bem. Para exercício.

MELO NETO, João Cabral — *Obra completa* — Mais um poeta. Inevitável. Preste atenção no detalhe básico: em princípio, e somente em princípio, João Cabral parece um autor de cenários, de alguém que expõe a parte, digamos, superficial do poema. E não é bem assim. Ele usa um cenário, um cenário natural, para refletir sobre o próprio ato de escrever e, mais do que isso, esconde uma cena, que só é percebida com muito cuidado. Aí é que chama atenção para a competência do artifício.

E o artifício é uma técnica sofisticada para a estratégia do narrador. João Cabral, numa leitura superficial, parece apenas o construtor de um cenário que, aliás, traz a reflexão sobre a construção do poema: "O duro, o mais duro, o jansenista, o sempre cada vez mais difícil" — ou seja, o poema sem sinuosidades ou voltas interiores vai em busca de seu movimento técnico, mas "como obtê-lo senão por algum artifício?" Sem o artifício é impossível seduzir o leitor.

Mas o uso do artifício parece fácil demais, o autor mais seduzido do que o narrador, capturado pela beleza fácil. Esse é um problema para quem tenta um artifício sem qualidade estética e estratégica. Para compreender bem a questão do artifício para a estratégia do narrador é importante também considerar a questão dos cortes cinematográficos. Mesmo os autores menos técnicos conhecem o artifício.

Artifício, aliás, que se mostra inteiro no poema "Duas bananas & a bananeira", que esconde a verdadeira intenção do poema, que é o gestual humano da banana escondido no mandacaru. A poesia irônica e cômica de João Cabral de Melo. E não apenas áspera, como se diz. Mais uma vez o narrador esconde as suas verdadeiras intenções. Algo que se pode conseguir através de uma narrativa estruturada num texto ambíguo, do tipo *Sílvia* de Nerval, sobretudo nas primeiras páginas do romance. O personagem parece ressaltar as virtudes do romantismo, mas, na verdade, está ironizando-o. Não tenho dúvida de que é um trabalho difícil. Os exercícios, no entanto, vão levá-lo à realização.

Insista e trabalhe sempre.

KADARÉ, Ismail — *Abril despedaçado* — Assim como *Madame Bovary*, uma cartilha de ficção. De uma habilidade técnica incrível. Reforça a ideia de que o verdadeiro artesão literário usa estratégias e artifícios capazes de maravilhar o leitor. Na verdade, este romance é uma espécie de *Hamlet*, de Kadaré. Uma versão do *Hamlet*, começando pelo célebre solilóquio — ser ou não ser, eis a questão — do príncipe dinamarquês.

Só que o escritor albanês sabe que faz romance e não teatro. De forma que ao invés de palavras eloquentes e discursivas ele usa as imagens e as cenas, o que causa ação eficiente na interioridade do texto, muitas vezes não deixando o leitor sequer desconfiar. Um mestre, com certeza, um mestre. Se o crítico fica desconfiado com o artifício no início do livro, confirma a verdadeira intenção de Kadaré no questionamento de Bessian:

"E essa é uma velha história que teve início quando Konstandin, o irmão morto, se ergueu do túmulo para proclamar outra justiça. Foi ele que, com sua nova lei, a bessa, começou tudo" (pp. 68-71 do romance). Confessando ainda: "É verdade. É terrível, é absurdo e é fatal. Como tudo o que é grandioso". E há mesmo um instante em Gjorg é comparado a Hamlet.

Temos aqui, então, três grandes exemplos de artifício e estratégia: a cena em que o narrador ironiza a atriz, em *Sílvia*, mas parece elogiá-la; o poema de João Cabral que mostra o gestual do mandacaru dando banana; e o solilóquio de Hamlet no início de *Abril despedaçado*, transformado em cenas de questionamentos e dúvidas.

Agora procure, através de artifícios, transformar em cena e cenários estes versos de John Donne:

> Oh Morte, não te orgulhes, pois ruim
> Como dizem não é, medonha e forte;
> Quem pensas que abateste, pobre Morte,
> Não morre; nem matar podes a mim.
> Se o sono, o teu retrato, agrada assim,
> Contigo fluirá melhor a sorte;
> E o bom, ao conhecer o teu transporte,
> Descansa o corpo e se liberta enfim.
>
> Serva de reis, destino, acasos e ânsia,
> À droga, à peste, e à guerra te associas;
> E adormecem-nos ópios e magias
> Mais que teu golpe. Então, por que a jactância?
> Um breve sono a vida eterna traz,
> E vai-se a morte. Morte, morrerás.
> (*John Donne, o poeta do amor e da morte*, antologia bilíngue, Paulo Vizioli (trad.) e J.C. Ismael (ed.), São Paulo: 1985, p. 51.)

Faça um reexame das aulas. Continue com exercícios e leituras. Você está começando a dominar as técnicas da narrativa.

LUBBOCK, Percy — *A técnica da ficção* — Um estudo rigoroso de grandes escritores universais, com destaque para Flaubert. Atenção para o capítulo que trata do ponto de vista e do foco narrativo, com uma expressão que se tornou clássica: "Tenho para mim que toda a questão do romance está no ponto de vista". Certo. Mesmo assim ele considera que ponto de vista e foco narrativo são a mesma coisa. E não é. Durante estas aulas tenho procurado demonstrar que ponto de vista é a estrutura psicológica do personagem, enquanto o foco narrativo é o uso da pessoa gramatical. Técnicas bem diferentes.

Concordo, no entanto, com a expressão de Lubbock, sobretudo porque o ponto de vista representa, em certo sentido, o tom que a narrativa deseja alcançar. E o tom pode pertencer ao narrador neutro, ao masculino ou ao feminino (aula 9). Ou todos os pontos de vista entrecruzados, dependendo do nível de sofisticação que o autor imprime à sua obra. Há autores que fazem o entrecruzamento de pontos de vista na primeira e na segunda pessoas — eu e tu. Assim como Clarice Lispector faz com a primeira — eu — e a segunda pessoa do plural — vós — em *A hora da estrela*.

Lubbock faz, ainda, uma extensa análise de cenas e de cenários, estabelecendo o conceito da panorâmica. Afirma: "E o mesmo acontece com os meios, que eu divido em cênicos e panorâmicos — ficamos sempre à espreita para ver como se processa a alternação, como a história é vista ora de um plano mais alto, ora trazida para o nível do leitor (p. 51 do livro)". Então examine, mais uma vez, as aulas. Com calma.

E faça um exercício em que o mesmo cenário, digamos, possa ser visto do alto ou de perto. Aí você pode realizar também cenas exteriores de ângulo aberto e cenas de ângulo fechado. E, se quiser, pode procurar o poema de John Donne e sofisticar ainda mais, ironizando ou tornando sombria uma cena. Ou um cenário.

CALVINO, Ítalo — *Seis propostas para o próximo milênio* — Uma preciosidade, com certeza. Cada proposta deve ser lida e analisada com atenção, mas sem o fervor de algo definitivo. No campo da literatura não existe nada definitivo. É um trabalho minucioso e hábil, de alguém que conhecia mesmo o interior da obra de arte de ficção. Chamo sempre a atenção para a "Rapidez". Não só por causa da rapidez, mas sobretudo pela questão da duração psicológica do leitor.

Quem tem o domínio dessa técnica fundamental faz a história respirar. Ora um pouco mais lento, ora um pouco mais rápido, escondendo, surpreendendo com cenários, digressões, comentários, crônicas e sumários, além dos diálogos. E cenas, cenas, cenas. Cenários sobre cenas, cenas sobre cenários. Conduzindo o leitor por um caminho errado, trazendo-o para o certo. É preciso se exercitar. Criar as habilidades.

Na "Visibilidade" você encontrará um texto sobre a contemplação. Está lembrado quando falamos disso? Foi quando tratamos, mais uma vez, da contemplação do poema. Calvino diz: "O poeta deve imaginar visualmente tanto o que seu personagem vê, quanto aquilo que acredita ver, ou que está sonhando, ou que recorda, ou o que vê representado, ou que lhe é contado, assim como deve imaginar o conteúdo visual das metáforas de que se serve precisamente para facilitar essa evocação visiva".

Retome agora o nosso texto, o nosso início de um romance, e veja as imagens criadas por Thomas Mann, Joyce e Lawrence Durrel e verá que as cenas e os cenários são visíveis. Para alcançar esse efeito estude com atenção a Pulsação Narrativa — a) pulsação do personagem; b) pulsação da cena; c) pulsação do leitor. Assim encontrará o Tom, a Extensão, a Função, o Efeito, o Andamento e o Ritmo. Observe bem o Andamento e o Ritmo.

Prossiga com as variantes do ponto de vista.

RIMBAUD, Arthur — *O adormecido do vale* — Além do ritmo ternário, o poeta francês usa as imagens com incrível competência, sobretudo neste poema em que se ressaltam as cores. Mais uma vez: Visibilidade. Não é isso justo que estamos estudando? Para reflexão, devemos usar a seguinte frase do tradutor Ivo Barroso: "Este soneto, habitualmente considerado "impressionista" pelos comentadores que insistem no seu croma-tismo (verde, prateado, azul, branco, vermelho), tem, antes de tudo, a qualidade antitética da efusão da natureza em contraste com a imobilidade da morte (palavra, aliás, que Rimbaud não menciona)".

Além disso, é fácil verificar como o poeta trabalha com habilidade e em crescendo para narrar a cena. Não se trata de um cenário humano — até porque o personagem é importante na situação, no conflito narrativo. E apesar de morto, o personagem parece se "mover" no interior do texto, tem os "pés nos juncos", "sorrir", "sente" frio etc.

Verifique, ainda, e mais uma vez, a pulsação narrativa do poema, que começa com um cenário natural, em seguida uma cena, depois a fusão entre personagem e natureza, por fim a revelação. E não se esqueça de contemplar. Sempre. Deixe que as imagens lhe possuam e só depois as tenha no sangue.

Que tal escrever um conto com este motivo? Tente.

BALZAC, Honoré de — *O Pai Goriot* — O escritor francês dá uma aula de montagem de romance, seguindo o padrão clássico de Apresentação, Confrontação e Resolução, que vem desde Aristóteles. Nunca devemos esquecer disso. Alguns autores chegam ao rigor de estabelecer um número de páginas. Assim; vinte para a Apresentação; quarenta para a Resolução, e vinte para a Resolução.

Por que a Confrontação teria quarenta páginas? Justamente porque ali se desenvolve a trama, os personagens estão em oposição e tratados tanto como diretos quanto indiretos. E também o desenvolvimento narrativo — o enredo. A atuação de muitos personagens possibilita a densidade do conflito, mas a participação de Eugène é fundamental. É claro que as construções do Pai Goirot revelam um personagem complexo que pede uma interpretação a cada momento.

A narrativa tradicional está na forma como é conduzida a intriga, justo através dessa sinuosidade de personagem, que somente aos poucos vai se revelando, e assim mostrando-se em relação ao Pai Goriot e a elas mesmas. É, no entanto, uma maneira eficiente de conduzir, ao mesmo tempo, personagens e desenvolvimento narrativo.

E aí reside o poder da montagem. Da edição de um romance. De uma história. Mesmo que for um conto pequeno.

Assim, reúna o *conteúdo material* para transformá-lo em *conteúdo literário*, para inventar uma história. Escreva tudo que tem vontade e somente aí encontrará material para cortes e acréscimos. Vá observando a movimentação dos perso-nagens e decida onde eles podem ser complexos através da criação direta e indireta, sem esquecer a função dos diálogos. Se for necessário, investigue o ponto de vista neutro, masculino e feminino, sem esconder a questão da visibilidade também de acordo com o personagem.

Parece receita de bolo, não é mesmo?

Não há problema, o princípio é assim mesmo. Se quiser, vá até a aula e estude o pequeno esquema preparado por Percy Lubbock para a análise de um texto de Balzac. Isso tudo serve de exercícios e exercícios que se transformarão em contos e novelas.

A questão é querer fazer.

Boa sorte.

Felicidades.

DO MESMO AUTOR NESTA EDITORA

O amor não tem bons sentimentos

Ao redor do escorpião... uma tarântula

O delicado abismo da loucura

Sombra severa

As sombrias ruínas da alma

Somos pedras que se consomem

Colégio de freiras

Estão matando os meninos

CADASTRO
ILUMI//URAS

Para receber informações
sobre nossos lançamentos e
promoções envie e-mail para:

cadastro@iluminuras.com.br

Este livro foi composto em Times e Humanist pela
Iluminuras e terminou de ser impresso em nas
oficinas da Meta Brasil Gráfica, em Cotia, SP, em
papel off-white 80 gramas.